W0223260

HUGO M. ENOMIYA-LASSALLE

WOHIN GEHT DER MENSCH?

HUGO M. ENOMIYA-LASSALLE

WOHIN GEHT DER MENSCH?

BENZIGER

ALLE RECHTE VORBEHALTEN
© COPYRIGHT 1981 BY BENZIGER VERLAG
ZÜRICH/EINSIEDELN/KÖLN
UMSCHLAGGESTALTUNG: PETER KUNZ, RÜTI B/BÜLACH
GESAMTHERSTELLUNG: EBNER ULM
ISBN 3 545 24061 4

INHALT

VORWORT

«Wohin geht der Mensch?» – diese Frage ist wohl *die* Frage unserer Zeit. In den verschiedensten Schattierungen kommt sie zum Ausdruck. In den meisten Fällen steht Besorgnis im Hintergrund, Besorgnis nicht nur um einzelne Menschen, sondern auch um die Menschheit als Ganzes. Gewiß gibt es auch viele Fragen, die nicht nur den einzelnen angehen, sondern Gruppen von Menschen, die oft Millionen zählen. Man denke nur an Hunger und Entwurzelung, wovon wir täglich in den Zeitungen, im Radio und Fernsehen Kenntnis nehmen. Gewiß geschieht viel zur Linderung der Not. Wenn es auch längst nicht ausreicht, so besteht doch die Aussicht, daß sich bald in diesem, bald in jenem Land die Lage bessert. In den meisten Fällen hängt die Lösung auch von politischen Beziehungen der Länder ab, wie ja auch die heraufbeschworene Not nur zu oft mit politischen Spannungen ursächlich verbunden ist. Bisweilen sind es auch Naturkatastrophen wie Erdbeben und Überschwemmungen, deren Auswirkungen nur in beschränktem Maß durch menschliche Kräfte verhindert werden können.

So dringend diese Hilfe auch ist, in diesem Buch soll von all dem nicht gesprochen werden, es sei denn, daß es im Zusammenhang mit unserem Thema notwendig oder doch nützlich erscheint.

Unsere Frage geht die ganze Menschheit an, nicht nur einzelne oder Gruppen von Menschen. Dies dürfte heute niemandem verborgen bleiben, der etwas tiefer sieht. Die Menschheit steht an einem Wendepunkt. Man muß sogar sagen, daß wir uns in einem Umbruch befinden, wie er in Jahrtausenden nur einmal vorkommt. Man denke nur an den Unterschied zwischen der Denkweise der jüngeren und jener der älteren Generation, wie man ihn bisher wohl niemals erlebt hat. So ist eine logische Beweisführung heute noch für den größten Teil der älteren Generation überzeugend. Aber auf die jüngere Generation macht sie häufig kaum noch Eindruck; sie ist uninteressant für sie. Und doch ist das gewiß nicht ein Mangel an Begabung oder gutem Willen. Was ist da passiert? Wie ist das zu erklären? Die Gründe für diese Wandlung liegen tiefer, als man vielleicht meint. Man kann ohne Übertreibung sagen: Zwischen jung und alt steht eine Mauer, die unübersteigbar erscheint.

Wir wollen hier nicht nach moralischen Defekten des Menschen forschen und Vorschläge machen, wie man sie beseitigen kann. Vielmehr möchten wir herausfinden, wo der Mensch gegenwärtig steht, unabhängig davon, ob er selber Schuld daran trägt oder nicht. Erst dann können wir die Frage stellen, was zu tun ist und welche Aussichten für die Zukunft des Menschen bestehen.

Typisch ist auch, daß man heute viel vom Ende der Welt oder gar von ihrem völligen Untergang spricht. Manche trösten sich mit der Hoffnung, daß es auf einem anderen Stern weitergehen könnte, wo dann der Mensch seine Ziele nicht verfehlt. In diesem Zusammenhang kommen vielleicht die Prophezeiungen vom Ende der

Welt in den Blick, die wir in den Religionen finden. Christus selbst hat von einem Weltgericht in der Endzeit gesprochen. Später wird dieses Thema ausführlich in der «Geheimen Offenbarung» des Johannes behandelt. Wir distanzieren uns bewußt von der Interpretation solcher Eschatologien. Es geht uns nicht um die Endstufe der Menschheit, sondern um ein neues Bewußtsein, das sich zu entwickeln scheint.

Ein Wort des Dankes sei an dieser Stelle Dr. Klaus Dahme für die Zusammenstellung der Bibliographie am Schluß des Buches ausgesprochen und P. Klaus Riesenhuber SJ für wertvolle Hinweise zum ersten Entwurf. Dank sei auch dem Benziger Verlag, daß er die Arbeit als Buch angenommen hat. Unvergeßlich bleiben auch die wertvollen und ermutigenden Anregungen, die bei der Durchführung dieses Versuches von Freunden und Mitarbeitern gemacht wurden, deren Namen hier nicht genannt sind.

Zunächst einige Angaben zu den Grenzen des Wachstums nach den Untersuchungen des Club of Rome.

«Erstens, wenn die gegenwärtige Zunahme der Weltbevölkerung, der Industrialisierung und Umweltverschmutzung, der Nahrungsmittelproduktion und der Ausbeutung von natürlichen Rohstoffen unverändert anhält, werden die absoluten Wachstumsgrenzen auf der Erde im Laufe der nächsten hundert Jahre erreicht. Mit großer Wahrscheinlichkeit führt dies zu einem raschen und nicht anhaltbaren Absinken der Bevölkerungszahl und der industriellen Kapazität.»[1]

Die genannten fünf Faktoren stehen offenbar untereinander in kausalem Zusammenhang. Wenn der erste Faktor, die Weltbevölkerung, wächst, wachsen notwendigerweise auch die anderen Faktoren. Wenn die Vorräte bzw. die Möglichkeiten, sie in höherem Maß zu beschaffen, unbegrenzt wären, könnte man meinen, die Bevölkerung könnte wachsen, solange noch Platz auf der Erde ist. Aber ihr sind allein schon durch die mit der Industrialisierung wachsenden Umweltverschmutzung Grenzen gesetzt. Dazu kommt, daß weder die Produktion der Nahrungsmittel noch die Beschaffung der Rohstoffe unbegrenzt sind. Außerdem wächst die Erdbevölkerung schneller und schneller. Zu Beginn unserer Zeitrechnung betrug sie schätzungsweise 250 Millionen. Erst im Jahr 1650 war sie doppelt so groß, etwa 500 Millionen. Gegenwärtig aber verdoppelt sie sich innerhalb 33 Jahren. Allerdings trägt vorläufig auch das Steigen der Lebenserwartung dazu bei.

Im Jahr 2000 dürfte die Weltbevölkerung 7 Milliarden betragen und nach weiteren 60 Jahren auf das Vierfache gestiegen sein. Weiterhin ist zu beachten, daß weder die Weltbevölkerung noch ihr Wachstum auf die ganze Erde gleichmäßig verteilt ist. Zwei Drittel der Erdbevölkerung lebt in den wirtschaftlich weniger entwickelten Ländern. Das bedeutet, daß in diesen Ländern der Mangel an Nahrung schon in wenigen Jahrzehnten ein solches Maß annehmen wird, daß selbst die bestorganisierte Caritas dem nicht mehr gewachsen ist. Dann aber muß damit gerechnet werden, daß ein Ausgleich mit Waffen versucht wird. Es geht dann nicht mehr um Ideologien und Ismen, sondern ums Überleben oder Verhungern. Selbst wenn ein Ausgleich auf diesem Weg erreicht würde, so wäre nur für eine kurze Zeit geholfen, da in wenigen Jahren doch wieder die Grenze der möglichen Lebensmittelversorgung für die Gesamtbevölkerung der Erde erreicht wäre.

Gewiß kann die Landwirtschaft technisch noch verbessert werden, wie das auch bisher, wenn auch mit hohen Kosten, geschehen ist. Aber auf die Dauer wird die Produktion der Lebensmittel nicht mit der Bevölkerungsexplosion Schritt halten. Die Antwort auf die konkrete Frage, wieviel Menschen unsere Erde ernähren kann, hängt laut Bericht des Club of Rome davon ab, für welche der verschiedenen möglichen Entwicklungswege die Menschheit sich entscheidet.

Ebenso sind der Beschaffung von Rohstoffen Grenzen gesetzt. Man weiß mit ziemlicher Sicherheit, was unsere Erde an Rohstoffen besitzt. So scheinen z. B. die gegenwärtigen Vorräte an Platin, Gold, Zink und Blei schon jetzt nicht mehr ausreichend, um die Nachfrage zu befriedigen. Bei der jetzigen Expansionsrate können Silber, Zink und Uran selbst bei sehr hohen Preisen noch in diesem Jahrhundert knapp werden. Bei der jetzigen Verbrauchsrate ist zu erwarten, daß um 2050 die Vorkommen weiterer Minerale erschöpft sind. Es gibt zwar auch Entdeckungen neuer Vorkommen. Aber auf lange Sicht kann man sich nicht darauf verlassen. Ob es für die 7 Milliarden Menschen im Jahr 2000 bei einem erträglichen Lebensstandard genug Rohstoffe gibt, hängt davon ab, ob wichtige Rohstoffe aus Abfallmaterial zurückgewonnen und neu gebraucht werden können.

Zu der Problematik der Rohstoffe kommt die Schädigung der Umwelt durch die Abfälle menschlicher Zivilisation. Der Quecksilbergehalt von Meeresfischen, Bleipartikel in der städtischen Luft, Berge von Schutt und Abfällen sind die Endergebnisse des stetig zunehmenden Stromes von Rohstoffen in und aus den Händen des Menschen. Konkrete Beispiele von Verschmutzung des Meeres sind hinreichend bekannt. Selbst in Japan mußte in einigen Buchten die Fischerei zeitweilig unterbleiben. Die energische Bekämpfung der Umweltverschmutzung ist in den meisten Industrieländern eingeleitet worden. Aber wenn nicht gleichzeitig ein kontrollierter Verbrauch der Rohstoffe versucht wird, bedeuten diese Bemühungen nur einen geringen Schutz.

Die zweite Schlußfolgerung des Club of Rome lautet:

«Es erscheint möglich, die Wachstumstendenzen zu ändern und einen ökologischen und wirtschaftlichen Gleichgewichtszustand herbeizuführen, der auch im weiteren Verlauf aufrechterhalten werden kann. Auf diese Weise könnte erreicht werden, daß die materiellen Grundlagen für jeden Menschen auf der Erde sichergestellt wären und noch immer Spielraum bliebe, individuelle menschliche Fähigkeiten zu nutzen und persönliche Ziele zu erreichen.»[2]

Man könnte zu diesem Zweck verschiedene Weltmodelle ausarbeiten, was auch schon geschehen ist. Dabei müßte jedoch jede technisch mögliche Entwicklung gesondert in das Modell aufgenommen werden. Aber auch wenn das geschieht, haben diese Weltmodelle nur beschränkte Gültigkeit, weil es Faktoren gibt, die nicht mit Sicherheit voraussehbar oder berechenbar sind.

Die dritte Schlußfolgerung der Untersuchung des Club of Rome lautet: «Je eher sich die Menschheit entschließt, diesen Gleichgewichtszustand herzustellen, und je rascher sie damit beginnt, um so größer sind die Chancen, daß sie ihn auch erreicht. Konkret liegt die Sache so: Wenn man alle Maßnahmen zur Stabilisierung erst im Jahr 2000 einführt, läßt sich nur ein kurzer Gleichgewichtszustand erreichen, da durch Anwachsen von Bevölkerung und Industrieproduktion schwerwiegende Lebensmittelknappheit schon vor dem Jahr 2000 wirksam wird.»[3]

Jeder Mensch trägt in der Gegenwart mit an der Verantwortung für die Zukunft der Menschheit. Dessen sollten wir uns bewußt sein. Die notwendigen Maßnahmen lassen sich nämlich nicht gewaltsam durchführen.

Der einzelne muß aus eigenem Antrieb kooperieren. Kein Land kann für sich diesen Gleichgewichtszustand herstellen, weil es in diesem Bereich keine Selbständigkeit gibt. Da die Gesamtbestände begrenzt sind, nützt es auf die Dauer nichts, daß das eine oder andere Land mit Rohstoffen sparsam ist, während die anderen sie verschwenden. Weil es um die gesamte Menschheit geht, ist dazu notwendig, daß die Welt in irgendeiner Form geeint ist. Aber die Aussicht auf dauernde Lösung der politischen Spannungen ist gegenwärtig noch kaum größer als die Wahrscheinlichkeit eines neuen Weltkrieges. Das ist die Lage heute.

Außer solchen Problemen, wo es um Sein oder Nichtsein der Menschheit geht, geschehen Dinge vor unseren Augen, die auf eine grundlegende Wandlung unserer Zivilisation hindeuten. An erster Stelle sei auf die Änderung in der Struktur unserer Gesellschaft hingewiesen. Mit der beständig fortschreitenden Vervollkommnung der Technik kann der Mensch seine Bedürfnisse mit einem immer geringer werdenden Anteil körperlicher Arbeit befriedigen. In absehbarer Zeit wird wahrscheinlich nur noch ein geringer Teil der Menschheit körperlich zu arbeiten brauchen. Dann aber wird die Industriegesellschaft nicht mehr eine Arbeitsgesellschaft sein, sondern eine Freizeitgesellschaft werden. Das hat freilich den Vorteil, daß der Mensch nicht nur für seine Familie, sondern auch für seine geistige Weiterbildung mehr Zeit hat. Er kann aber die freie Zeit auch vergeuden mit unnützen Dingen oder solchen, die anderen schaden. Der Mensch wird nicht automatisch besser, wenn er viel freie Zeit hat. Die große Frage ist hier:

Was tritt anstelle des Arbeitsethos, das die Arbeitsgesellschaft getragen hat?

Es gibt bekanntlich nicht nur bei Kindern einen Spieltrieb, sondern im weiteren Sinn auch bei Erwachsenen. Dieser Trieb kann sich jedoch nicht nur in harmlosen Dingen auswirken, sondern auch dazu führen, daß ein Familienvater sein Vermögen verspielt, während Frau und Kinder darben. Im Mittelalter «betätigte» sich dieser Trieb auch in Turnieren; später wurden daraus Duelle mit Degen und schließlich Pistolen. Merkwürdigerweise ist das interessanteste Spiel das Spiel mit dem Tod! Ob nicht in all den Guerilla- und anderen Kämpfen, die nicht zur Ruhe kommen wollen, auch dieser Trieb «mitspielt»? Wir brauchen nicht einmal so weit zu gehen, sondern nur zu sehen, was sich bei uns heute tut. Ist es nicht eine Tragik, daß, während die größten Anstrengungen um einen dauernden Weltfrieden gemacht werden, unsere Kinder am liebsten immer noch mit Pistolen und anderen Waffen spielen?

Damit, daß eine Freizeitgesellschaft entsteht, ist noch nicht gegeben, daß das Tier in uns geschwächt oder gar endgültig gezähmt wird. Auch in der Umgestaltung von der Industrie- zur Freizeitgesellschaft liegt in dieser Hinsicht eine Gefahr. Es besteht die Möglichkeit, daß wir dann auch in Friedenszeiten unseres Lebens nicht mehr sicher sind. Für Personen in hohen Stellungen ist das heute bereits soweit. Bei den Kindern versagt schon längst die Erziehung. Gelegentlich machen sie sich ein Vergnügen daraus, einen Zug zum Entgleisen zu bringen, wenn es ihnen möglich ist. Und doch sind sie nicht voll verantwortlich für das, was sie tun. Erzieher und Eltern sind ratlos.

Außer der Abwertung der Arbeit mit ihren Folgen gibt es noch andere Gebiete, die uns im Hinblick darauf, was auf uns zukommt, zu denken geben. Da ist z. B. der Stellenwert dessen, was wir mit Person oder Persönlichkeit meinen. Das Person-Sein wurde immer mehr zum Zeichen unserer Zivilisation. Es ist sozusagen der Mythos unserer Kultur. Die zentrale Stellung der Person bei uns wird noch deutlicher, wenn wir den Sprachgebrauch östlicher Völker damit vergleichen. In Japan z. B. gibt es zwar persönliche Fürwörter, aber sie werden nur selten gebraucht. Welche Person gemeint ist, geht aus dem Verbum oder seiner Form hervor. Wenn man von sich spricht, gebraucht man eine bescheidene Ausdrucksform, ohne das Ich auszuprechen. In letzter Zeit hat sich da allerdings auch einiges geändert.

Uns gilt die Person als das Höchste. Wenn man von jemandem sagt, daß er eine große Persönlichkeit ist, so bedeutet das mehr, als wenn wir ihn wegen irgendeiner Fähigkeit oder eines großen Wissens hochschätzen. Wir können uns kaum vorstellen, daß wir ohne das Konzept Person auskommen. So kennen wir aus der Vergangenheit und noch in der Gegenwart die Namen vieler Entdecker und Erfinder. Aber das Entdecken und Erfinden wird immer mehr das Werk einer Gruppe, so daß man nicht mehr einen einzelnen dafür namhaft machen kann. Im Altertum gab es Mythen, die ganze Kulturen repräsentierten. Sie waren keine Fiktionen, sondern es standen Wirklichkeiten dahinter. Wenn daher ein grundlegender Mythos seinen Inhalt verlor, so war die Kultur mit dem Tod bedroht, es sei denn, daß sie sich wandelte, wenn das überhaupt möglich war. Die Anwendung auf unseren Personenmythos liegt nahe.

Noch bedenklicher ist vielleicht die Tatsache, daß die beständig fortschreitende Technisierung des Lebens uns schließlich dahin zu führen scheint, daß der Einzelmensch nur noch ein Rad in der großen Maschine ist. Man kann das auch und vielleicht besser noch mit einem Bienenkorb vergleichen, in dem es keine Persönlichkeit gibt und doch alles reibungslos funktioniert.

Das Volk der Bienen ist der erste uns bekannte Fall eines solchen Gemeinschaftslebens. Sein Beginn liegt eine Million Jahre zurück. Sein System ist bis zur Stunde unverändert geblieben und scheint unbegrenzt weiter zu bestehen, solange es noch Bienen geben wird. Vielleicht ist der Mensch auf dem Weg zu einem ähnlichen System, wo alles von selbst weiterläuft, wenn sich alles einmal richtig eingespielt hat. Sollte der Parallelfall beim Menschen verwirklicht werden, so würde gerade das den Untergang der menschlichen Rasse bedeuten. Denn der Mensch kann, gerade weil er Mensch ist, nicht für immer auf derselben Kulturstufe stehen bleiben, ohne allmählich zugrunde zu gehen. Diese Entwicklung ist ein weiterer Grund, um die Zukunft des Menschen besorgt zu sein.

Der Stellenwert der Person hat in unserem Kulturkreis auch auf religiösem Gebiet eine Bedeutung. Haben wir doch bisher im Christentum für Gott keine andere Ausdrucksweise finden können als «Person». Die Ausdrucksweise kann farblos werden, wenn sie nicht mehr im Bewußtsein des Menschen verankert ist. Schon heute gibt es nicht wenige Menschen, denen ein «persönlicher» Gott unannehmbar erscheint, obwohl sie sich nicht als Atheisten betrachten.

Doch die allergrößte Gefahr für die Zukunft des Menschen ist die Wissenschaft, auf die wir so stolz sind, wenn der Mensch ohne andere Rücksichten damit umgeht. Konkret bieten sich schon heute wenigstens zwei wissenschaftlich mögliche Handhabungen an, welche die Gesellschaftsstruktur in solcher Weise umwandeln können, daß unsere Existenz auch ohne Krieg und andere Katastrophen bedroht ist.

Die erste ist die künstliche Befruchtung des Menschen, die schon heute möglich ist. Ihre Folgen hat Aldous Huxley in seinem Buch «Schöne neue Welt» schon vor 60 Jahren beschrieben. Falls die künstliche Befruchtung durchgeführt wird, kann der Nachwuchs des Menschen geregelt werden. Bis zu einem gewissen Grad ist es auch möglich, die Art des Menschen festzulegen. Die Menschen können von vornherein klassifiziert werden, und so kann ein Kastensystem entstehen, das bisher ohne Beispiel ist. Vor allem aber bedenke man, daß dann kein Kind in einer Familie geboren und erzogen wird. Es hat dann auch keinen Sinn mehr, zu heiraten. Für den sexuellen Verkehr gilt: Jeder gehört jedem. Was Huxley beschreibt, ist wörtlich genommen natürlich Phantasie, aber eine Phantasie auf wissenschaftlicher Grundlage. Insofern ist es ernst zu nehmen. Daß die künstliche Befruchtung möglich ist, bezweifelt heute niemand mehr. Rein natürlich hätte sie auch Vorteile. Man könnte damit das Problem der Weltbevölkerung lösen und auch viele Krankheiten von vornherein vermeiden oder reduzieren. Die Auffassung von «free sex» ist schon heute für viele Menschen nicht mehr schockierend.

Man wird fragen: Wo ist da eine Gefahr? Ist es nicht eher eine Sicherung gegen zu großes Wachstum der Weltbevölkerung und damit gegen Hunger vieler Millionen Menschen, Probleme, denen wir in der gegenwärtigen Gesellschaftsstruktur nicht Herr werden? Aber selbst abgesehen von jeder gesunden Moral ist das eine Täuschung. Denn der Mensch ist weder ein Stück Holz noch ein Stein und auch kein Tier. Ihm droht Gefahr von anderer Seite. Jenes System widerspricht dem Menschen als geistigem Wesen und ist gegen die Würde des Menschen im besten Sinn. Hier gilt nochmals die Tatsache, daß eine dauernde und konsequente Mißachtung der menschlichen Natur in ihrer Ganzheit den Menschen zugrunde richtet, auch ohne Krieg, Krankheit und Hunger. Und doch haben wir keine Gewähr, daß ein solches System nicht eingeführt wird, solange der Mensch auf der gegenwärtigen Bewußtseinsstufe stehenbleibt.

Die zweite Gefahr birgt die Möglichkeit, das Bewußtsein des Mitmenschen durch mechanische Beeinflussung des Gehirns zu steuern. Man weiß schon lange um Gehirnwäsche und dergleichen mit verschiedenen Mitteln. Neuerdings läßt sich der Mensch auf andere Weise manipulieren, die in ihrer Durchführung zwar sanfter ist, gegen die man sich aber weniger schützen kann. An Tieren wurde das schon ausprobiert mit Hilfe elektrischer Wellen. Man kann auf diese Weise das Tier beruhigen oder zum wilden Herumrasen in seinem Käfig aufreizen. Es genügt, die entsprechenden Knöpfe zu drücken. Auf den Menschen angewandt, wäre es z. B. möglich, 3000 Arbeiter in einer Fabrik von der Arbeit abzuhalten oder sie derartig zu reizen, daß alles durcheinandergeht. Dasselbe ist in jeder anderen Situation möglich. Mauern und stärkste Bunker bieten keinen Schutz, es sei denn, daß man sich durch entsprechende Gegenmaßnahmen gegen die elektrischen Wellen abschirmen kann, was aber nur in seltenen Fällen möglich ist. Es braucht nur jemand an der Straße zu stehen und einen entsprechenden Apparat in die Hand zu nehmen. Er kann ein vorbeirasendes Auto durch Beeinflussung des Fahrers zum Stehen und sogar Überschlagen bringen. Keine Sicherheitspolizei reicht aus, um das zu verhindern. Auf die Dauer wird so etwas auch auf weitere Entfernung möglich sein, vielleicht sogar in anderen Teilen der Welt. Man kann sich kaum vorstellen, wie eine moderne Kriegführung dann aussehen wird. Die Möglichkeiten sind sozusagen unbegrenzt.

Hier muß allerdings gefragt werden, ob beim Menschen notwendigerweise alles so verläuft wie beim Tier, auch wenn es ein Tier höchster Ordnung ist. Denn der Mensch hat ein Bewußtsein geistiger Art, das dem Tier vollkommen fehlt. Dieses Bewußtsein ist nun aber aktiv beteiligt am Prozeß des Empfangens dessen, was von außen über die Hirnrinde in das Innere des Hirns eindringt. John C. Eccles hat darüber die These aufgestellt, daß das Bewußtsein die kortellen Moduln, d. h. Organisationseinheiten, in denen der ganze Prozeß der Aufnahme konzentriert ist, sozusagen abtastet und aus einer großen Zahl einige auswählt.[4] Es ist wohl auch vom nicht wissenschaftlichen Standpunkt anzunehmen, daß der Mensch immer noch eine gewisse Resistenzfähigkeit gegen die Wirkung der elektrischen Wellen hat, die das Tier nicht besitzt. Dadurch könnte die Wirkung in etwa abgeschwächt werden. Aber je nach der Stärke könnten sie den Menschen trotzdem gegen seinen Willen derartig beeinflussen, daß er großen Schaden leidet. Die Wissenschaft entwickelt sich beständig weiter, was ihr gutes Recht ist. Sie hat aber nicht das Recht, ihren Fortschritt zum Schaden des Menschen auszunützen. Doch kann niemand dafür garantieren, daß das nicht trotzdem geschieht, wenn auch nicht durch die Wissenschaftler selbst, so doch durch jene, die sich diese Errungenschaften zu eigen machen.

Es ließen sich noch andere Anzeichen dafür namhaft machen, daß die Menschheit sich im Zustand eines Wandels befindet und daß wir uns beim besten Willen nicht vorstellen können, was das konkrete Ergebnis sein wird. Das einzig Notwendige ist, daß wir uns im Hinblick auf das Kommende richtig verhalten. Das heißt, daß wir überall und jeweils das tun, was im Augenblick das Richtige zu sein scheint. Denn was heute richtig ist, kann morgen falsch sein, und umgekehrt. Es gibt einfach nichts mehr, das man ein für allemal lernen kann. Obwohl wir nicht wissen, was kommt, müssen wir uns darauf vorbereiten.

DER NEUE MENSCH

Der Ausdruck «neuer Mensch» bedeutet zunächst nur, daß es um ein neues Menschenbild geht, ein Menschenbild, das verschieden ist von dem, an das wir gewöhnt sind. Wenden wir uns also zunächst der Bezeichnung «neuer Mensch» zu, und versuchen wir näher zu beschreiben, was damit gemeint ist oder wenigstens sinnvoll darunter verstanden werden kann.

Es geht hier nicht um ein neues System, sondern um die Überwindung der Krise, in der der Mensch heute steht. Dafür gibt es überhaupt kein System. Es gibt viele Menschen, die sich über diese Tatsache nicht im klaren sind und offenbar meinen, daß der Mensch oder die Menschheit durch eines der bestehenden Systeme, sei es Kommunismus, Kapitalismus oder Demokratie, oder auch einer noch zu findenden Form, vor dem drohenden Untergang bewahrt werden könnte. De facto geht es in der bestehenden Krise des Menschen nicht um Denkmodell oder Ideologie. Es liegt uns daher auch fern, in diesem Zusammenhang zu den verschiedenen Ideologien oder Systemen Stellung zu nehmen.

Es geht zwar um ein neues Menschenbild, das im Entstehen begriffen ist. Aber das ist nicht so zu verstehen, daß der Mensch dieses neue Bild selbst auszudenken und zu formen hätte. Sondern es ist wie beim Schmetterling, der aus der Puppe hervorgeht, nicht in einer von ihm selbst gewählten, sondern in der von der Natur vorherbestimmten Form. Mit anderen Worten:

Es geht um einen Schritt, und zwar einen sehr bedeutungsvollen Schritt vorwärts in der Entwicklung des Menschen. Daß man in diesem Sinn vom Menschen sprechen kann, steht außer Diskussion. Die großen Etappen, die der Mensch bisher durchschritten hat, kann man sehr vereinfacht wohl als die des Urmenschen – was davor liegt, brauchen wir nicht zu berücksichtigen –, des Kulturmenschen und des wissenschaftlichen Menschen bezeichnen. Unsere Zeit ist ohne Zweifel besonders von der Technik und Wissenschaft gekennzeichnet. Kultur gab es schon lange vor uns. Gehen doch die alten Kulturen Jahrtausende vor unsere christliche Zeit zurück. Jetzt aber kommt ein neuer Mensch zum Zug – oder sollte es wenigstens. Das heißt natürlich nicht, daß dieser neue Mensch die Kräfte und Vorzüge wie Geisteskultur, Wissenschaft und Technik des vergangenen Menschen nicht mehr in sich trüge. Im Gegenteil, er ist mit dem Erbe seiner Vorfahren geladen, und zwar so sehr, daß er daran zu zerbrechen, daß er von dem ererbten materiellen Fortschritt aufgefressen zu werden droht. Doch geht es uns hier nicht um eine neue Ära der Wissenschaft und Technik, obwohl diese bereits angebrochen ist und man schon in diesem Sinn von einem Atomzeitalter spricht. Auch das Eindringen in den Weltraum ist ein Zeichen dieses Zeitalters.

Die neue Entwicklung des Menschen als solchem, von der wir nun sprechen möchten, ist wohl in erster Linie gekennzeichnet durch vollkommenes Bewußtwerden des Person-Seins. Was den Westen betrifft, so ist schon einmal in der Vergangenheit, nämlich zur Zeit der Renaissance, in dieser Hinsicht eine neue Stufe zu verzeichnen: Der Mensch, der noch im Mittelalter viel mehr kollektiv dachte und fühlte, wurde damals zum Einzelmenschen. Er wurde allmählich als solcher mündig, wodurch viele Erscheinungen in der damaligen Zeit zu erklären sind. Auch die Reformation ist ein typisches Phänomen dieser Entwicklung. Sie war das Ergebnis von Spannungen, die sich nicht mehr ausgleichen ließen, ohne daß etwas Neues geschah, entweder innerhalb der traditionellen Kirche oder außerhalb. Dagegen blieb der östliche Mensch noch lange Zeit in hohem Maß ein Gemeinschaftsmensch. Das ist auch heute noch viel mehr der Fall als im Westen. Trotzdem muß man sagen, daß in den letzten Jahrzehnten auch der östliche Mensch begonnen hat, die Umwandlung zum Bewußtwerden der individuellen Persönlichkeit mitzuvollziehen. Dieser Wandel ist am deutlichsten in Japan fühlbar, das ja auch sonst mehr vom Westen beeinflußt worden ist als irgendein anderes Land in Ostasien.

Diese Entwicklung zum stärkeren Bewußtsein der Persönlichkeit ist in sich durchaus positiv zu bewerten. Denn die Menschheit als Ganzes macht ebenso wie jeder Einzelmensch eine Entwicklung von der Kindheit bis zum vollen Erwachsenen durch, nur mit dem Unterschied, daß sich die Entwicklung des einzelnen innerhalb weniger Jahrzehnte vollzieht, während sie für die Menschheit als Ganzes Jahrtausende in Anspruch nimmt. Der Mensch als solcher ist nun eben gerade jetzt in das reife Alter eingetreten, womit natürlich nicht gesagt werden soll, daß er nicht noch weiter reifen kann. Seiner Kindheit ist er jedenfalls ein für allemal entwachsen. Viele Erscheinungen unserer Zeit, die gewiß nicht angenehm sind und Besorgnis erregen, sind als die Geburtswehen des neuen Menschen anzusehen. Die Menschheit leidet unter dieser Geburt ebenso wie jede Mutter, die ein Kind zur Welt bringt. Den Menschen, die aus einer früheren Zeit stammen, mag manches widersinnig vorkommen. Sie glauben und hoffen vielleicht, daß all das eine vorübergehende Krise ist und der Mensch über kurz oder lang zum Alten zurückfindet und alle diese Dinge einmal wieder überwunden sind wie eine langwierige Krankheit, die aber schließlich doch geheilt wird.

Tiefer sehende Menschen dagegen wissen, daß es kein Zurück zum Alten gibt und daß es daher sinnlos ist zu versuchen, das Rad der Entwicklung zurückzudrehen. Sie wissen, daß es nun einzig und allein darauf ankommt, daß dieser neue Mensch gesund und lebenskräftig zur Welt kommt. Wie viele nähere und nächste Ursachen man auch für diese Entwicklung angeben mag, letzten Endes sind das alles nur akzidentelle Ursachen. Die eigentliche Ursache ist die Natur des Menschen, die so angelegt ist, daß die Geburtsstunde des neuen Menschen früher oder später kommen muß. Denn die Persönlichkeit, das Person-Sein ist der tiefste Kern des Menschen; je mehr er sich daher dessen bewußt wird, desto mehr ist er Mensch.

Das aber impliziert das Verlangen nach und den Anspruch auf größere persönliche Freiheit. Dieser Anspruch ist heute bei der jüngeren Generation unverkennbar. Wenn man diese Zusammenhänge kennt, so weiß man, daß ein solches Verlangen nicht leichthin als Unbotmäßigkeit und Ungehorsam abgetan werden darf oder kann. Der neue Mensch kann einfach nicht darauf verzichten, in vielen Dingen gefragt zu werden und in irgendeiner Weise bei Entscheidungen mitzubestimmen, die seine Person angehen. Wenn einer das ohne Schwierigkeiten täte, so würde er damit zeigen, daß er die neueste Entwicklung der Menschheit nicht mit vollzogen hätte. Er würde damit einer vergangenen Zeit angehören. Andererseits besteht gerade da die Gefahr, daß berechtigte Ansprüche in einer Weise geltend gemacht werden, daß sie die gleichen Rechte des Mitmenschen mißachten. Damit aber würden sie sich selbst widersprechen.

Auch im Religiösen wirkt sich diese Entwicklung aus. Traditioneller Glaube kommt bei vielen Menschen nicht mehr an und wird immer schwächer. Auch die Beweise, die sich im Religiösen wenigstens bis zu einem gewissen Grad anführen lassen, kommen nicht mehr recht an, obwohl sie vielleicht logisch stichhaltig sind oder doch zu sein scheinen. Der Mensch verlangt nach der eigenen Glaubenserfahrung und kommt in vielen Fällen nur dadurch zur Ruhe. Es wäre Unrecht, ihm dieses Verhalten als Mangel religiösen Verständnisses auszulegen. Es geht bei ihm nämlich gar nicht um ein Nicht-Wollen, sondern um ein Nicht-Können, was aber doch wieder nicht als ein Mangel anzusprechen ist. Denn es entspricht dem neuen Menschen, daß er zu einem Glauben kommt, der nicht vom Glauben seiner Umgebung abhängig ist, sondern in ihm selbst so tief verwurzelt ist, daß er duch den Unglauben seiner Umgebung nicht erschüttert werden kann. Gerade von dieser Seite her ist es einsichtig, daß dieser neue Mensch als Mensch weiter fortgeschritten ist als sein Vorgänger. Denn offenbar ist ein Glaube, der auch in einer ungläubigen Gesellschaft feststeht, höher zu werten als ein Glaube, der weitgehend auf dem Glauben seiner Umgebung beruht. Der echte Glaube ist zweifellos der erstere.

Entweder kommt der neue Mensch durch alle seine Geburtswehen hindurch und schreitet fort in voller Gesundheit und Kraft, so wie es gerade ihm als dem neuen Menschen entspricht, oder es gibt eine Fehlgeburt, ein Krüppeldasein, einen geistig ungesunden Menschen. Im ersten Fall ist der neue Mensch ein großer Fortschritt für die Menschheit, der zu ihrem wahren Glück sehr viel beitragen kann. Im letzteren Fall wird die ganze Menschheit unglücklicher sein als sie vorher war. Und zwar gerade deswegen, weil dem neuen Menschen viel größere Möglichkeiten offenstehen als dem der Vergangenheit.

Zu all dem kommt noch ein anderes Problem, das irgendwie mit dem besprochenen zusammenhängt. Wir haben es schon angedeutet. Es zeigt sich, daß der moderne Mensch der Technik und allem was damit zusammenhängt, auf die Dauer mit seinen Nerven nicht mehr gewachsen ist. Jeder weiß, daß die Zahl der Nervenkranken beständig wächst und daß mit der Weiterentwicklung der Technisierung und so vieler anderer der Gesundheit schädlicher Dinge die Menschheit an sich selbst zugrundezugehen droht. Der neue Mensch muß daher so beschaffen sein, daß er diese Entwicklung überleben kann, und zwar so, daß sie ihm zu einem größeren Glück verhelfen kann. Denn das, was der Mensch geschaffen hat, ist nicht etwas in sich Schlechtes, sondern auch im Sinn der materiellen Kultur ein Fortschritt, welcher der menschlichen Natur entspricht und sogar die Aufgabe des Menschen ist. Man darf doch wohl sagen: Was der Mensch leisten kann, das soll er auch leisten.

Weiterhin sollte der Mensch imstande sein, die Dinge so zu sehen, wie sie sind, und, was eng damit zusammenhängt, aufrichtig sein. Zum Verständnis dieser Forderung müssen wir einiges hinzufügen. Zwei Dinge sind in der Gegenwart besonders deutlich, welche die Beziehung von Mensch zu Mensch ständig bedrohen und überwunden werden müssen, bevor man von irgendeinem System eine Besserung dieser Beziehung erhoffen kann. Das erste ist, daß wir in unserem Denken fast immer von Vorurteilen geblendet sind. Es gibt kaum Menschen, die vorurteilslos denken können. Das zweite ist, daß es kaum Menschen gibt, die wirklich aufrichtig sind und, wir müssen hinzufügen: die überhaupt imstande sind, aufrichtig zu sein, obwohl sie es sein möchten und vielleicht auch meinen, daß sie es sind. Die einzige Ausnahme bilden die Kinder, soweit nicht auch sie schon von den Erwachsenen angesteckt sind. Wer das nicht glaubt, sollte sich, nachdem er etwas gesagt oder getan hat, immer wieder fragen, was eigentlich die Gründe waren, aus denen er etwas so und nicht anders gesagt oder getan hat. Dann wird er oft feststellen, daß es nicht die nackte Wahrheit war, sondern eine gefärbte. Die Folge davon ist, daß man kaum einem anderen traut und immer in Sorge ist, hintergangen zu werden. Solange die Lage so bleibt, ist ein Vertrauen, wie es für ein glückliches Miteinandersein unter Menschen erforderlich ist, nicht möglich. So kann auch unter den Menschen keine wahre Liebe bestehen, die doch das kostbarste Geschenk des Himmels ist und ohne die kein System die Menschheit glücklich machen kann, denn «Furcht ist nicht in der Liebe» (1 Joh 4, 17).

Man muß diesen Tatsachen klar ins Auge sehen. Wenn der neue Mensch wirklich ein Fortschritt gegenüber dem alten sein soll, – und darum geht es, denn sonst ist es nichts Neues –, dann muß dieser Mensch imstande sein, vorurteilslos zu denken und aufrichtig zu sein. Jeder Mensch tritt schon mit einer bestimmten Erbmasse in die Welt ein; aber dazu kommen noch die ganze Erziehung und so vieles andere, das ihn allmählich formt zu diesem ganz bestimmten, einmaligen Menschen. Vieles von dem, was er in sich aufnimmt, ist gut; aber alles wirkt sich unabwendbar dahin aus, daß er sich bestimmte Auffassungen aneignet und Gewohnheiten annimmt. Besonders tragen dazu auch seine üblen Erfahrungen und Enttäuschungen bei. Das alles zusammengenommen wirkt wie eine gefärbte Brille, die mehr oder weniger alles in einer bestimmten Farbe erscheinen läßt. Und so kommt der Mensch im Lauf der Jahre zu vielen Vorurteilen, die bewußt oder unbewußt sein Urteil beeinflussen. Das aber läßt ein neues Denken, wie es der neue Mensch vollziehen sollte, nicht zum Zug kommen. Unsere Zeit drängt wohl mehr denn je auf ein neues Denken hin. Es ist ein gewaltiger Umbruch, der vieles bisher selbstverständlich Erscheinende in Frage stellt. Und doch ist in diesem Drängen ein Verlangen nach Wahrheit und Wirklichkeit am Werk. Aber sowohl jene, die vom alten Schlag sind, wie jene, die sich für neu und fortgeschritten halten, sind von vielen Vorurteilen beeinflußt. Daher ist es so schwer, zu einer Einigung zu kommen. Es müßte gelernt werden, über die eigenen Vorurteile hinauszukommen, um die Dinge zu sehen, wie sie sind. Das neue Denken muß ein «mystisches Denken» sein, d. h. ein Denken, das von allen ungeordneten Haftungen frei ist und erst durch einen langen Läuterungsprozeß ermöglicht wird.

Nun wird man vielleicht sagen: Wenn der Mensch heranwächst, lernt, Erfahrungen macht und auf diese Weise sich seine Auffassungen bildet und nach diesen sowohl gewissenhaft als auch opferbereit vorangeht: ist das nicht der Weg dieses und gerade dieses Menschen? Was sollte er auch anderes tun? Das ist die bisher wenigstens im Westen gültige Auffassung. Im Osten war und ist es nicht ganz so. Der Osten hat bis heute nicht vergessen, daß es außer der Sinnes- und Verstandeserkenntnis auch noch eine dritte Erkenntniskraft gibt, die Carl Albrecht das «mystische Erkennen» nennen würde.[5] Von diesem Autor stammt auch die bereits erwähnte Formulierung «mystisches Denken». Im Westen ist dieses Bewußtsein – von Einzelfällen abgesehen – abhanden gekommen. Eine Ausnahme bilden die Mystiker. Tauler spricht sich klar darüber aus, wenn er sagt, daß der Mensch, der einmal zu dieser Erkenntnis gekommen ist, «augenblicklich weiß, was er tun, worum er bitten oder worüber er predigen soll».[6] Steinbüchel sagt von Eckhart: «Vom Augenblick spricht der Mystiker in seinem ganz konkreten, bei Welt und Mensch bleibenden Ethos, vom ‹Augenblick› – es erinnert an Kierkegaard –, da Gott als Fordernder vor die

Seele tritt. Im Augenblick, jetzt ‹Gottes zu warten und ihm allein zu folgen in dem Licht, in dem er dich anweisen möchte zum Tun und Lassen, so frei und neu zu sein in jedem Augenblick, als ob du nichts anderes hättest, wolltest und könntest, als was in diesem Augenblick dir gegeben und von dir verlangt ist – das ist die Frucht der Gottesgeburt›. Wer ist nicht überrascht, daß er bei einem Mystiker, von dem man Verzückung erwartet, solche Situationsnähe, solche Freiheit allen vorgenommenen Übungen gegenüber findet. Mit der Prinzipienethik der Scholastik, die er kennt und bejaht, verbindet Meister Eckhart, der Mystiker, die konkrete Situationsethik. Wie eng ist er uns damit verbunden.»[7] Es wird einsichtig, daß das mystische Erkennen, das man vielleicht als unklar und unsicher anzusehen gewohnt ist, tatsächlich zuverlässiger ist als das schlußfolgernde.

Die Frage ist nun, ob nicht vielleicht mit dem neuen Menschen das, was bisher Ausnahme war, zur Regel werden könnte und sollte. Ist nicht gerade das mystische Denken, das vorurteilslos ist, notwendig, um das wahre Wesen der Dinge zu erkennen? Es ist zum mindesten wahr, daß mit einem vorurteilslosen Denken mehr Aussicht besteht, die Wahrheit in ihrer Reinheit zu erfassen. Sollte die Entwicklung in diese Richtung gehen, so wäre damit auch die notwendige Voraussetzung geschaffen, daß der Mensch aufrichtig sein könnte und aufrichtig wäre.

Dieser Zusammenhang wird besonders dann klar, wenn man weiß, auf welchem Weg man zu diesem Denken kommt. Um nämlich von allen Vorurteilen frei zu werden, muß der Geist einer Reinigung unterzogen werden. Je mehr aber diese Reinigung fortschreitet, desto mehr wird der Mensch innerlich frei und gelöst. Das aber hat wiederum die Wirkung, daß die Furcht und alle anderen ungeordneten Motive beseitigt werden, die den Menschen zur Unaufrichtigkeit verleiten können: es besteht dann kein Grund mehr, die Unwahrheit zu sagen. «Nemo gratis mendax» – Niemand lügt ohne Grund. Wer wirklich innerlich frei ist, kann nicht mehr lügen. Die einzige Ausnahme könnte sein, daß man einem Mitmenschen dadurch helfen oder ihn vor Unglück bewahren möchte.

Fassen wir das Gesagte zusammen, so ergibt sich: Der neue Mensch ist gekennzeichnet durch einen weiteren Schritt in der Entwicklung der Persönlichkeit. Daher hat er berechtigten Anspruch auf größere Freiheit als Person. Diese Freiheit nimmt konkrete Form an in seinem Verhältnis zum Mitmenschen. Sie kann aber nur dann echt sein, wenn zunächst die innere Freiheit erlangt ist. Das neue Denken, das diesen Menschen kennzeichnet, muß ein vorurteilsloses Denken sein, das man als «mystisches Denken» bezeichnen kann und das gewissermaßen existentiell richtig ist und im Handeln unmittelbar das Rechte findet. Der religiöse Glaube muß im Seelengrund durch die Gotteserfahrung gefestigt sein. Wenn diese Bedingungen erfüllt sind, wird ihm die Überwindung der Gefahr, an der Technisierung des modernen Lebens zu zerschellen, ohne weiteres als Frucht zufallen. In seiner Beziehung zum Mitmenschen wird er als Folge des neuen Denkens aufrichtig sein und dadurch zur Herstellung des Vertrauens von Mensch zu

Mensch beständig beitragen und der aufrichtigen Menschenliebe den Weg bereiten.

Die Erneuerung des Menschen selbst als Mensch muß jedem Bemühen, eine bessere Gesellschaft ins Leben zu rufen, vorausgehen oder wenigstens dieses Bemühen beständig begleiten. Denn ohne Aufrichtigkeit, Vertrauen und echte Liebe ist ein glückliches Zusammenleben auf dieser Erde nicht möglich, auch wenn uns der ganze Weltraum zur Verfügung steht. Auch die Religionen müssen das Neue im Menschen und in seinem Denken verstehen und bejahen. Wenn ihnen das gelingt, werden viele Menschen zu ihnen zurückfinden. Denn alles, was sie im Lauf der Jahrhunderte an Werten den gläubigen Menschen geboten haben, Liturgie und Kunst und sonstiges Brauchtum, ist auch für den neuen Menschen von höchstem Wert, wenn nur dieser Mensch in seinem Wesen dabei zum Zug kommt. Der Mensch, der zum wahren Selbst und zur Gotteserfahrung kommt, stolpert nicht mehr über Menschlichkeiten, die es überall gibt, wo es Menschen gibt. Er nimmt das Religiöse, soweit es echt ist, ohne Mühe auf in die Harmonie seines Seelengrundes und wird dadurch bereichert.

Man spricht heute viel von Bewußtseinsveränderung oder Mutation der Menschheit. Wir möchten nun unser Thema im Rahmen und unter dem Gesichtswinkel der Bewußtseinsstrukturen beleuchten und ergänzen. Dabei sollen vor allem die Gedanken des Kulturphänomenologen Jean Gebser berücksichtigt werden.[8]

Eine Darstellung der Bewußtseinsstrukturen scheint zunächst ein aussichtsloses Bemühen zu sein. Denn wir müssen zu diesem Zweck auf viele Millionen Jahre in die Vergangenheit zurückgehen. Ganz abgesehen davon gibt es aus jener Zeit natürlich keinerlei Dokumentationen. Hinzu kommt noch etwas anderes: Wenn man auf alle Einzelheiten in diesem höchst komplizierten Prozeß eingehen würde, müßte die Beschreibung Bücher füllen, und das um so mehr, als man sich oft mit Vermutungen zufriedengeben muß. Trotz allem gibt es in dieser Verworrenheit einige Marksteine, die aus dem Dunkel unübersehbar herausragen. Sie sind jeweils das Ergebnis eines langen und komplizierten Prozesses. Doch kann man nach diesen Marksteinen das Ganze mit hoher Wahrscheinlichkeit ordnen und vier Stufen unterscheiden und dementsprechend von einem archaischen, magischen, mythischen und mentalen Bewußtsein sprechen. Im letzteren befinden wir uns jetzt noch.

Diese Stufen sind nicht vollkommen voneinander getrennt, sondern gehen ineinander über, aber doch so, daß jede Stufe etwas wesentlich Neues bringt. Dieses Neue ist nicht Ergebnis einer allmählichen Entwicklung, sondern ein Sprung. Trotzdem ist es in der Anlage immer schon da, war aber noch nicht aktiviert. Es schlief, bis es erwachte.

Das archaische Bewußtsein

Dieses Bewußtsein ist uns am wenigsten bekannt. Es geht auf den Augenblick zurück, wo zum erstenmal das Wesen da war, das man später im Gegensatz zum Tier «Mensch» nannte. Lecomte de Nouy meint, es sei der Augenblick gewesen, in dem das Tier oder das Wesen, das Mensch werden sollte, sich einer gewissen inneren Freiheit bewußt wurde, die es bisher nicht besaß, da es einzig durch den Instinkt oder besser, durch das, was wir heute Instinkt nennen, geleitet wurde. Dieses Geschehen können wir uns nicht vorstellen. Und doch bedeutete es für dieses Wesen eine ganz neue Welt. Allgemein muß davor gewarnt werden, sich den Menschen einer früheren Bewußtseinsstruktur, sei sie archaisch, magisch oder mythisch, irgendwie mit unseren Begriffen vorzustellen. So natürlich das von unserem gegenwärtigen Bewußtsein her erscheinen mag, werden wir dem Menshen einer früheren Bewußtseinsstruktur damit nicht gerecht. Wir sehen ihn dann nicht selbst, sondern nur in der von uns gemachten Vorstellung. Er war nicht «primitiv» in einem abwertenden Sinn.

Was den Zustand dieser Stufe betrifft, so ist es wohl kaum möglich, ihn uns mit den uns zur Verfügung stehenden Begriffen vorzustellen. Es war die Zeit der Nichtunterschiedenheit von Mensch und All. Der

Mensch war sich noch nicht als verschieden von seiner Umwelt bewußt. Heute spricht man viel von östlichen Meditationen, unter anderem von Zen und Zenerleuchtung. Wer das Zen kennt, weiß, wie schwer es für den heutigen Menschen ist, zur Erfahrung dieser Ganzheit zu kommen, wie sie in der Erleuchtung gemacht wird. Für den archaischen Menschen war das selbstverständlich. Er war in diesem Sinn ein Erleuchteter. Ein chinesischer Autor, Dshuang Dai, 350 v. Chr., nennt ihn daher den «wahrhaften Menschen»[9], und doch ist es etwas ganz anderes, wenn der heutige Mensch zu dieser Erfahrung kommt. Hier gilt: Wenn ihr nicht werdet wie die Kinder, könnt ihr in das Himmelreich nicht eingehen, wozu auffälligerweise auch die Zenmeister ihre Schüler immer wieder ermahnen. Da der Mensch noch eins war mit seiner Umgebung, gab es selbstverständlich für ihn kein Gegenüber. Desgleichen gab es für diesen Menschen keinerlei Dualismus, der in seiner extremen Form uns heute so schädlich ist und uns immer mehr in die Sackgasse treibt. So wie der Mensch raumlos war, so war er auch zeitlos und ichlos. Wir müssen gestehen, daß wir dafür keine Termini haben. Das fühlen wir instinktiv. Der Versuch, das zu ignorieren, kann nur verschoben oder verschroben ausgehen. Eher ist es möglich, in etwa den ersten Schimmer der Welt- und Menschwerdung hindurchschauend wahrzunehmen. Jedenfalls ergibt sich, daß das Wesen dieser Stufe Identität oder Ganzheit ist. Sie hatte deswegen auch noch keine «Dimension» wie die späteren Strukturen. Der archaische Mensch war sozusagen nulldimensional.

Zunächst muß davor gewarnt werden, daß wir uns bei dieser Bewußtseinsstruktur das vorstellen, was man heute im allgemeinen mit Magie bezeichnet, wenn man von schwarzer und weißer Magie spricht, mit der man anderen schaden oder nützen kann. Diese Art von Magie ist eine Degeneration dessen, was in Verbindung mit dieser Bewußtseinsstufe mit magisch gemeint ist. Der Mensch wird aus der Identität mit dem Ganzen herausgelöst; ein erstes Bewußtsein setzt ein, das jedoch noch schlafhaft ist. Der Mensch ist nicht mehr nur in der Welt; es beginnt ein erstes, schemenhaftes Gegenüber und damit auch allmählich die Notwendigkeit, die Welt haben zu müssen. Ferner fühlt er die Notwendigkeit, sich gegen die Naturkräfte zu schützen.

Charakteristisch ist auch für den magischen Menschen noch die Ichlosigkeit. Er hatte sein Ich noch nicht entdeckt. Aus der Identität des archaischen Menschen tritt er in die eindimensionale Unität hinaus. Es ist eine punkthafte unitäre Welt, die raum- und zeitlos ist. Für sein Bewußtsein ist daher der Punkt symbolisch, eine für uns unvorstellbare Situation. Ein anderes Charakteristikum ist für ihn das Eingeflochtensein in die Natur, ganz anders als der heutige Mensch, welcher der Natur weitgehend entfremdet ist. Daher kommt auch die magische Reaktion auf das Verflochtensein. Auch heute spricht man von allem magischen Geschehen als der naturhaft-vitalen, ichlosen, raum-zeitlosen Sphäre. Es gibt nämlich auch für den heutigen Menschen zeitweilige Ichlosigkeit, z. B. in der Vermassung, wo der

Mensch, durch Schlagwörter und Massenmedien aller Art bearbeitet, schließlich sein Ichbewußtsein verliert. Das ist für den Menschen unserer Zeit entwürdigend, weil er damit die Fähigkeit verliert, die ihn als Mensch des mentalen Bewußtseins auszeichnet. Für den magischen Menschen war das naturgemäß. Trotzdem gibt es auch für den modernen Menschen eine berechtigte magische Ichlosigkeit, z. B. wenn er tief in der Meditation sich des eigenen Ichs nicht mehr bewußt ist. Oder ein anderes Beispiel, das manchem vielleicht leichter verständlich ist: Wenn er ein schönes Musikstück anhört und davon so ergriffen wird, daß er sich seines Ichs nicht mehr bewußt ist. Zum besseren Verständnis sei schon hier darauf hingewiesen, daß die uns vorausgehenden Bewußtseinsstrukturen nicht einfach auf null reduziert sein sollten. Bis zu einem gewissen Grad gehören sie auch heute noch alle zum Menschen.

Vieles ist dem Menschen durch die so lange überbetonte begriffliche Denkweise verlorengegangen, das eigentlich zu ihm gehört. Auch das ist eine Bestätigung dafür, daß die Bezeichnung «primitiv» für den früheren Menschen nicht berechtigt ist. In diesem Zusammenhang sei noch hingewiesen auf eine andere Seite des magischen Menschen, nämlich daß er in hohem Maß telepathisch war und Geschehnisse unmittelbar wahrnehmen konnte, die sich in weiter Ferne abspielten. Das sind Dinge, die man vom rationalen Standpunkt aus vor nicht langer Zeit noch als Fabel und Märchen abgetan hätte. Sie kommen heute wieder in den Blick. Man kann sie auch heute noch, wenn auch mit großer Mühe, erlernen. Zu diesem Zweck muß dann das rationale

Denken ausgeschaltet werden. Im übrigen ersetzen wir diese verlorengegangenen Fähigkeiten durch die weit fortgeschrittene Technik, die uns mit Radio und Fernsehen versorgt. Von daher dürfte auch die heute nicht seltene Flucht nach rückwärts in magische Vitalität und Unität verständlich sein. Sie ist eine Reaktion auf die Furcht vor dem, was auf uns zukommt.

Für eine vollständige Darstellung der einzelnen Bewußtseinsstrukturen müßte man jede einzelne nach verschiedenen Gesichtspunkten oder Gebieten bezüglich ihrer Eigenarten untersuchen, was natürlich im Rahmen dieser Schrift nicht möglich ist. Wir beschränken uns auf den religiösen Bereich, der schon in den frühesten Strukturen eine zentrale Bedeutung hatte. In der magischen Struktur sind die Ausdrucksformen des Religiösen: Götzen, Idol und Ritual. Dabei müssen wir im Auge behalten, daß diese Ausdrucksformen für den magischen Menschen die einzig möglichen waren. Was wir uns heute unter dem Begriff «Götze» vorstellen, ist etwas ganz anderes als das, was es für den magischen Menschen war. Es war einfach das «ganz andere». Es gab auch ein religiöses Tun für diesen Menschen, das man als Ritual bezeichnen kann und oft in völligem Schweigen mit großem Ernst vollzogen wurde. Das Schweigen entspricht dem magischen Menschen auch mehr als das Reden. Es ist bezeichnend, daß er auf Bildern und Skulpturen wohl mit einer Aura, aber ohne Mund dargestellt wird. Der magische Mensch war ganz zu Hause in seiner Struktur. Mehr konnte er nicht sein und tun. So wenigstens war es eine Zeitlang, wie lange, das läßt sich wohl niemals feststellen. Aber dann trat eine Dekadenz ein, wie es auch bei den noch zu beschreibenden Bewußtseinsstrukturen der Fall war. Typisch dafür war die Zauberei. Das ist auch heute noch so: Wenn das Magische entartet, geht es auf Macht aus. Das ist auch wohl der Grund dafür, daß man heute mit dem Wort Magie unwillkürlich Macht und Machtgelüste verbindet und man ihr nach Möglichkeit aus dem Weg geht. Andererseits kann die Magie nichts schaden, wenn man sich nicht darauf einläßt. Auffälligerweise spricht man neuerdings wieder viel von Magie und läßt sich auch darauf ein, während man sich doch bislang mit aller Kraft dagegen wehrte. Das war die Haltung sowohl von seiten der Wissenschaft als auch der Hochreligionen, wenn auch aus verschiedenen Motiven. Es ist natürlich nicht die entartete Magie oder Zauberei, die wir in das neue Bewußtsein integrieren sollen.

Daß die Haltung gegenüber der Magie sich in letzter Zeit geändert hat, beruht wohl auf zwei Gründen. Erstens glaubt man nicht mehr, daß eine materialistische Wissenschaft den Menschen zu wahrem Fortschritt und echtem Glück verhelfen kann. In diesem Sinn ist man von der Wissenschaft trotz aller Errungenschaften enttäuscht. Der zweite Grund ist wohl das Heraufkommen eines neuen Bewußtseins, das jenseits des rationalen Denkens liegt. Das Ergebnis ist leider allzuoft ein Zurückfallen in das Irrationale, das, sei es echt oder unecht, auf die Dauer keine Lösung bringt.

Auch der Mensch dieses Bewußtseins war zu seiner Zeit in seiner Struktur zu Hause, obwohl das, was dieses Bewußtsein zu geben hat, von einer materialistischen Wissenschaft abgelehnt wird. Was immer das Mythische betrifft, es ist durchaus menschenwürdig, und es steht dem Menschen unserer Zeit nicht zu, darauf mit Verachtung herabzusehen. «Gewiß hat der Begriff in seiner scharfen Umrissenheit Vorteile, die nur ihm zukommen. Er hat aber eben dadurch auch seine Nachteile und Grenzen, indem er vor allem den Intellekt des Menschen anspricht, nicht den ganzen Menschen, vor allem nicht seine Tiefenschichten, während das Symbol und seine Entfaltung im Mythos in einem einzigen Bild Seelen- und Weltgehalt, Vergangenes, Gegenwärtiges und Zukünftiges ausdrücken kann, Dinge verschiedener Ebenen, und viel mehr zum Ganzen spricht.»[10] Die Mythen sind kein Aberglaube oder sonstwie für den modernen Menschen wertlose Phänomene. Sie sind auf ihre Weise genauso wahr wie unser rationales Denken. Ohne die Mythen könnten wir keine Geschichte des menschlichen Bewußtseins schreiben.

Wir sind, einseitig befangen von den Errungenschaften der letzten 2000 Jahre, die uns durch das rationale Denken möglich wurden, in einer gewissen Überheblichkeit dahin gekommen, die Mythen in Bausch und Bogen als unwirklich und Aberglauben abzulehnen. Auch vom religiösen Standpunkt, das Christentum eingeschlossen, hat man sich bemüht, sie auszurotten. Aber in einer späteren Periode ging man von nichtreligiöser Seite noch einen Schritt weiter und erklärte die Religionen selbst als Mythen und Aberglaube und bekämpfte sie, wenn auch nicht mit Feuer und Schwert, sondern durch Philosophie und Wissenschaft. Man erachtete sie als rückständiges Denken, das über kurz oder lang von selbst verschwinden würde. Auch heute gibt es noch viele Menschen, die so denken. Trotzdem sind in letzter Zeit viele hellhörig geworden und bisweilen sogar ohne jede Diskretion gläubig, wobei sie dann in das defizient Mythische zurückfallen.

War das Charakteristikum der magischen Struktur die Bewußtwerdung der Natur – so kann man es kurz ausdrücken –, so ist das Charakteristikum der mythischen Struktur die Bewußtwerdung der Seele. Im magischen Menschen schlief die Seele noch. Der Mensch war sich ihrer noch nicht bewußt. Mehr allgemein verständlich ausgedrückt: Der Mensch hatte noch kein Ich-Bewußtsein. Das also erwachte mit dem Eintritt in das mythische Bewußtsein. Der magische Mensch hatte ein starkes Gespür im Sinn von Telepathie und Fernwissen. Das wurde mit der neuen Struktur anders. In alten Darstellungen der mythischen Struktur tritt anstelle der Aura des magischen Menschen der Mund. In der magischen Zeit gibt es noch keine Mythen. Es bestand ja noch eine nahtlose Einheit mit der Natur. War die archaische Struktur der Ausdruck der nulldimensionalen Identität und ursprünglichen Ganzheit und die magische der Ausdruck der eindimensionalen Einheit, so ist die mythische Struktur Ausdruck der zweidimensionalen Polarität.

Die Mythen sind sozusagen die Kollektivträume der Völker. Wenn sie richtig gedeutet werden, können sie uns bedeutsame Einblicke über die Menschen einer Zeit vermitteln, wo es noch keine Geschichtsschreibung gab. Sie können uns über den Bewußtwerdungsprozeß des Menschen als solchen Aufschluß geben. Wie sollten wir überhaupt sonst etwas davon erfahren? Daß Träume, richtig gedeutet, wichtige Einblicke in die geistigen Zustände des einzelnen geben können, hat in neuester Zeit auch die Tiefenpsychologie bestätigt. Beispiele für Kollektivträume gibt es in allen Völkern. In vielen Mythen ist bekanntlich von Meerfahrten die Rede. Sie versinnbildlichen das Suchen nach der Seele. So besingt Homer die Meerfahrt der Griechen nach Troja, die unternommen wurde, um die von Paris geraubte Helena zurückzuholen. Bei den Germanen findet Gunther die Brunhilde, Tristan die Isolde. Jede Meerfahrt ist ein Sich-Erfahren. Auch in Ostasien gibt es Mythen, die dasselbe besagen. Ein immer sich wiederholender Zug in diesem Suchen und Finden ist, daß es stets mit großem Leiden verbunden ist. Dasselbe gilt für den Wechsel von einer Bewußtseinsstruktur zur anderen, z. B. von der magischen zur mythischen. Meist ist der Wechsel überdies mit unerhörten Grausamkeiten verbunden.

Den Parallelfall haben wir übrigens in der Mystik aller Religionen, wo sich eine Bewußtseinsveränderung des einzelnen vollzieht. Für die christliche Mystik brauchen wir nur an die «dunkle Nacht» des heiligen Johannes vom Kreuz zu erinnern. Wenn sich daher der Mensch gegenwärtig im Prozeß einer Bewußtseinsveränderung befindet, ist es nicht zu verwundern, daß er viel leidet und vielleicht noch Schlimmeres erleiden muß, bis die Bewußtseinsveränderung vollzogen ist. Bei ihm kommt noch hinzu, daß er einseitig dem aktivierenden und dynamischen Prinzip verhaftet ist, was ihm das passive Erleiden noch schwerer macht, als es an sich schon für den Menschen ist.

Das mythische Element ist heute kaum noch im Bewußtsein des westlichen Menschen lebendig. Es führt wohl noch ein kümmerliches Dasein in den Märchen. Diese galten bis vor einigen Jahrzehnten als ausschließlich für die Kleinkinder bestimmt. Neuerdings werden sie bisweilen von Erwachsenen neu entdeckt. In sehr beschränktem Maß ist das Mythische noch in den Religionen zu finden. Wenn wir bedenken, daß dieses Element eng mit der Phantasie und dem Gemüt verbunden ist, können wir ermessen, was wir durch die einseitige Betonung der mentalen Komponente verloren haben. Gerade daran krankt der Mensch heute. Viele können sich kaum noch im besten Sinn des Wortes freuen und suchen Ersatz in den Genußmitteln, die ihnen nicht ersetzen können, was sie verloren haben. Dazu kommt die Entfremdung der Natur. Die durch den Mythos geprägte Struktur erlitt eben auch wie die magische nach einer gewissen Zeit eine Dekadenz. Der Götter und Dämonen wurden schließlich so viele, daß der mythische Mensch sich ihrer nicht mehr erwehren konnte. Ohne den Einbruch der mentalen Struktur wäre er zugrunde gegangen.

Das mentale Bewußtsein

In dieser Phase lebt der Mensch heute noch. Allerdings

sind wir, wie es scheint, ihrem Ende nahe. Wir dürfen daher nicht nur die gegenwärtige Situation allein ins Auge fassen; denn sie könnte zu einseitigem Pessimismus verleiten. Wir müssen auch hier zwischen einer effizienten und einer defizienten Periode unterscheiden. Es soll versucht werden, diesen Niedergang einigermaßen verständlich zu machen. Wenn man in Betracht zieht, daß dem vollen Durchbruch einer neuen Struktur jeweils eine schwere Zeit vorausgeht, ist es verständlich, daß der Mensch dann zunächst einmal aufatmet und eine Ruhepause eintritt. Da besteht dann die Gefahr, sorglos weiterzuleben, ohne daran zu denken, daß auch die neue Struktur wieder entarten könnte, und entsprechend auf der Hut zu sein, damit das nicht geschieht. Diese Gefahr war im Fall der mentalen Struktur größer als bei den früheren, weil dem Menschen mit dieser Mutation ein Feld unbegrenzter Möglichkeiten erschlossen wurde.

Der Übergang vom mythischen zum mentalen Menschen ist ein «außerordentliches Geschehen, das buchstäblich die Welt erschütterte. Mit diesem Ereignis wird der bewahrende Kreis der Seele, die Eingeordnetheit des Menschen in die seelische Natur und kosmisch zeithafte polare Welt der Umschlossenheit gesprengt: Der Ring zerreißt, der Mensch tritt aus der Fläche in den Raum, ihn wird er mit seinem Denken zu bewältigen versuchen. Etwas bisher Unerhörtes ist geschehen, etwas, das die Welt grundlegend verändert.»[11] Im griechischen Mythos wird dieser Vorgang durch die Geburt der Athene dargestellt. Zeus vermählte sich mit der Metis. Er verschlang die schon schwangere Mutter, weil er fürchtete, sie könnte einen Sohn gebären, der mächtiger sei als er selbst. Aber dann geschah das Unglaubliche: Die Tochter Athene wird aus dem Haupt des Zeus geboren. Zu diesem Zweck spaltete Prometheus oder Hermes mit einem Beil das Haupt des Zeus. Athene ist die Personifikation der Vernunft und der Intelligenz und wird deshalb mit einer treffsicheren Lanze dargestellt.

Mit dem Übergang zur mentalen Bewußtseinsstruktur wurde die Welt eine Welt des Menschen. Der Mensch wird das «Maß aller Dinge». Es ist eine materielle Welt, die ihm gegenübersteht. An die Stelle der Mythen treten allmählich die abstrakten Begriffe, die zu Götzen werden können. Sie verlieren in unserer Zeit jedoch mehr und mehr die Kraft und Anziehung, die sie noch vor einigen Generationen besaßen. In einem merkwürdigen Gegensatz dazu kann man neuerdings ein Gespür für Strahlung feststellen. Früher hörte man kaum davon. Vielleicht ist es sogar diese Strahlung, die den westlichen Menschen anzieht bei den echten Meistern, die aus Asien zu uns kommen, ein Hinweis dafür, daß sich im westlichen Menschen etwas zu ändern begonnen hat.

Obwohl die Mutationen durch die ganze Menschheit gehend auftreten, dringen sie nicht auf der ganzen Erde in allen Teilen gleichzeitig durch. Die mentale Struktur verwirklichte sich offenbar in Griechenland am frühesten und klarsten. Daher hat auch das griechische Denken einen so weitgehenden Einfluß auf die ganze westliche Kultur ausgeübt. Das ist wohl auch der Grund dafür, daß die Schrift, die ursprünglich von rechts nach links ging, in Europa schon sehr lange in der entgegengesetzten Richtung verläuft, während sie in China und Japan meist noch von rechts nach links vollzogen wird. Die linke Seite gilt als das Unbewußte, die rechte versinnbildlicht das Wachbewußte. Es ist erstaunlich, daß Thales von Milet schon im sechsten Jahrhundert v. Chr. das berühmte «Erkenne dich selbst» am Tempel des Apollo in Delphi in der Richtung von links nach rechts anbringen konnte.

Mit dem Beginn der mentalen Mutation wurde das Matriarchat vom Patriarchat endgültig abgelöst. Wir müssen allerdings hinzufügen, daß inzwischen in der Vater-Herrschaft schon ein Wandel eingetreten ist. Heute wird der Mensch statt dessen weitgehend von der Maschine beherrscht, die er selbst erfunden hat. Und das geschieht mit solcher Übermacht, daß er keinen Ausweg aus diesem Dilemma findet. Die Monarchie, die auch ein Ausdruck der Vaterschaft war, ist, abgesehen von wenigen symbolischen Fällen, abgeschafft. Eine absolute Monarchie gibt es nirgendwo. Auch auf religiösem Gebiet beginnt sich dieser Wandel zu vollziehen. Die Vorstellung Gottes als Vater ist heute schon für nicht wenige Menschen ein Hindernis für den Gottesglauben überhaupt. Oft liegen dabei auch Konflikte zwischen Vater und Sohn oder Tochter in früher Jugend zugrunde, die für unsere Zeit bezeichnend sind. Es ist nicht zu verhindern, daß sich diese bewußtseinsmäßige Schwierigkeit verstärkt. Auch hier gilt, daß die Ausdrucksweise der Wirklichkeit mit der jeweiligen Bewußtseinsstruktur verbunden ist.

War die Ausdrucksweise der mythischen Struktur der Mythos, so ist die der mentalen Struktur besonders die

Philosophie. Hatte der Mythos allgemeine Gültigkeit, so hat die Philosophie nur individuelle Gültigkeit, im selben Maß wie die philosophischen Systeme zunehmen, verschwinden die Mythen. Plato und Aristoteles standen den Mythen noch näher als wir heute. Die mentale Struktur ist gerichtet und hat damit eine Fixiertheit, die ihr Festigkeit verleiht. Darin unterscheidet sie sich von der mythischen, der die Polarität eignet. Die Gerichtetheit der mentalen Struktur stärkt das Bewußtseinsmäßige. Das aber geht auf Kosten des Unbewußten, das dem heutigen Menschen eine nicht mehr übersehbare Wirklichkeit geworden ist. Wegen ihrer Gerichtetheit negiert die mentale Struktur zum Teil das Vergangene, insofern nämlich, als es nicht «meßbar» ist. Aus der Gerichtetheit der mentalen Struktur resultiert die Dualität, die auch ein Merkmal dieser Phase ist. Es erhellt aus alledem, daß mit der mentalen Struktur die Gefahr der Quantifizierung gegeben ist, die auch ein Element unserer Zivilisation, und zwar ein verhängnisvolles, darstellt.

Wenn die magische Struktur den Punkt als Signatur hat, der eindimensional und raum-zeitlos ist, und die mythische Struktur dem Kreis zugeordnet ist, der Polarität und Flächenhaftigkeit, und damit auch ein Moment des Zeithaften enthält, so ist folgerichtig der dreidimensionalen Struktur das Dreieck als Signatur zuzuordnen. Dabei steht die Basis des Dreiecks mit ihren beiden gegensätzlichen Punkten für das duale Gegensatzpaar, das in der Spitze geeint ist.

Während für die magische Struktur die Emotionalität bezeichnend ist und für die mythische die Imagination, entspricht der mentalen die Abstraktion. Das messende Denken reißt den Menschen fort von der Triebwelt, vom Emotionalen, von der Bilderwelt und von der Imagination, um an ihre Stelle die gedachte Welt zu setzen, die immer zu einer Abstraktion führt. Daraus ergibt sich, daß das mentale Denken nicht imstande ist, den Dualismus zu überwinden; denn er betont immer mehr die Abstraktion und die Quantifizierung, bis nur noch das Meßbare Geltung hat. Inzwischen wurde der Computer erfunden. Er wird beständig vervollkommnet, so daß das meßbare Denken kaum noch vom Menschen vollzogen zu werden braucht. Es ist bezeichnend für unsere Zivilisation, daß der Computer unentbehrlich geworden ist. Man darf dabei nicht übersehen, daß er nur das meßbare Denken ersetzen kann.

Gleichzeitig ist die Erfindung des Computers auch eine Warnung. Wenn es nämlich dahin käme, daß wir nur noch fähig sind, die Art des Denkens zu betätigen, die durch den Computer vollzogen werden kann, so würde dies das Ende unserer Kultur und im weiteren Verlauf des Menschen überhaupt bedeuten. Vielleicht sind wir schon auf dem Weg dazu, ohne es zu ahnen.

Die wichtigste Äußerung der mentalen Struktur ist ohne Zweifel die Philosophie. Sie wurde durch die Befreiung aus der psychisch-mythischen Befangenheit erst möglich. Wir müssen darauf verzichten, auch nur einen beschränkten Überblick über das zu geben, was in den letzten 2000 Jahren auf diesem Gebiet geschehen ist. Wünschenswert wäre es gerade deswegen, weil die Philosophie, wie wir sie gewöhnlich verstehen, allem Anschein nach an ihrem Ende ist. Wir beschränken uns daher auf einige wichtige Momente in der geistigen Entwicklung während dieser langen Periode.

Jede Religion, auch die christliche, hatte auch in dieser Zeit eine archaisch-magisch-mythische Komponente, die durch ein rein abstraktes Denken nicht ersetzt werden kann. Damit wäre Religion nicht mehr Religion. Trotzdem drang das rationale Denken in seinem Siegeslauf weiter vor und durchdrang schließlich die ganze westliche Zivilisation. So entstand der für unsere Kultur typische Gegensatz zwischen Glauben und Wissen. Interessanterweise hat dieser Gegensatz in Ostasien niemals in seiner krassen Form bestanden. Wer lange dort gelebt hat, wird diese Tatsache nicht bestreiten. Im übrigen hat sich dieser scharfe Gegensatz in den letzten Jahrzehnten auch im Westen merklich gemindert. Es sei nur auf die neuartige Schrifterklärung hingewiesen, in der auch der Wissenschaft ein Recht auf Anerkennung zugebilligt wird.

In diesem Überblick sollte wenigstens kurz der heilige Augustinus erwähnt werden, der wie kein anderer auf unsere westliche Kultur Einfluß hatte. Er hat alle Bewußtseinsansätze der Vergangenheit aufgefangen, zusammengeschmolzen und sie dann an die kommenden Geschlechter weitergegeben. In ihm laufen die großen Komponenten, die unsere Zivilisation möglich machten, die griechische, jüdische und lateinische, zusammen. Augustinus war keineswegs einseitig rational orientiert, sondern im Anschluß an Plato auch intuitiv-kontemplativ, wenn er auch bisweilen eine harte Dialektik hat, so hart, daß es kaum noch verständlich ist. Nach ihm entwickelte sich eine andere Linie, die mehr logisch rational war, im Anschluß an Aristoteles. Sie erreichte ihren Höhepunkt in Thomas von Aquin, der die christliche Philosophie und Theologie in seiner «Summa Theologica» zusammenfaßte. Es darf jedoch nicht außer acht gelassen werden, daß auch er eine mystische Schau erfahren hat. Es wird sogar erzählt, daß er nach dieser Erfahrung alle seine Schriften am liebsten verbrannt hätte. Seine Summa war bis in die neueste Zeit maßgebend in der scholastischen Philosophie und Theologie. Übrigens war auch Meister Eckhart Schüler des Aquinaten. In jüngster Zeit ist jedoch auch auf diesem Sektor eine Tendenz zu einem über das Rationale hinausgehenden Denken spürbar, während das große Werk des heiligen Thomas mehr und mehr in den Hintergrund tritt, auch innerhalb der katholischen Theologie.

In der Renaissance erreichte das einseitig rationale Denken wohl seinen Höhepunkt. Man spricht in Anlehnung an die damalige Architektur von einem perspektivischen Denken, das zum kompromißlosen Dualismus führte. Dieser Dualismus hat auf politischem Gebiet in Europa zu den beiden Weltkriegen geführt. Gegenwärtig wirkt er sich in vielen kleineren Ländern aus, die ihre Konflikte nicht friedlich zu lösen vermögen.

Im weiteren Verlauf wurde das abstrakte Denken immer stärker, bis es schließlich fast alles andere verdrängte. Selbst die Religionen haben sich in diesem Sinn gewandelt. Das galt mehr für das Christentum, insofern es Teil der westlichen Kultur ist, als für die östlichen Religionen. Es ist durchaus berechtigt, daß sich auch die Religionen von der rationalen Seite her zu verstehen suchen, vorausgesetzt, daß sie sich bewußt bleiben, daß das Rationale niemals das Letzte sein kann. Die tiefsten Erfahrungen in den Religionen, sei es im Westen oder im Osten, können rational allein nicht erklärt werden. Sie müssen erfahren werden. Aber auch der, welcher sie erfährt, kann sie niemals so durch Worte und Begriffe darstellen, daß jemand, der sie nicht selbst gehabt hat, vollkommen verstehen kann; denn sie liegen im Bereich des «Arationalen», das weder irrational noch rational ist, sondern über das Rationale hinausgeht. Das Irrationale kann den Menschen der rationalen Struktur auf die Dauer nicht die Hilfe geben, die er braucht. In das Irrationale auszuweichen wäre Flucht nach rückwärts. Andererseits ist das Angebot von Irrationalem in den verschiedensten Formen heute sehr breit. Dahin auszuweichen ist viel leichter, als das Rationale zu überwinden und darüber hinauszugehen.

Dazu kommt die Technisierung, die zur Zeit der ersten Erfindungen eine Hilfe war, jetzt aber immer mehr den Menschen sich selbst entfremdet und nicht mehr zur Ruhe kommen läßt. Gegenwärtig ist sie immer noch auf dem Vormarsch und droht eher noch schlimmere negative Folgen zu haben als die bisherigen. Wenn es sich nur um irgendwelche Theorien, gesundheitliche oder materielle Probleme handelte, so bestände allenfalls die Aussicht, durch weiteren Fortschritt in der Wissenschaft eine Lösung zu finden. Aber in diesem Fall ist die Situation mit einem Großfeuer zu vergleichen, das man nicht löschen kann und das erst zu Ende ist, wenn alles Brennbare in Asche gelegt ist. Und das wäre eben die Menschheit selbst. Sollte noch etwas übrigbleiben, so wäre es nur ein

Weitervegetieren, ohne jemals zu genesen und wieder zu Kräften zu kommen.

Es gibt deshalb nur eine Lösung: eine weitere Bewußtseinsstruktur. Nur so kann das Übel an der Wurzel geheilt werden. Daß der Mensch erkennt und versteht, was diese Struktur ist und wie sie verwirklicht werden kann, und vor allem, was er selbst dazu tun kann, damit sie zum Durchbruch kommt, das ist das Gebot dieser Weltstunde.

Das integrale Bewußtsein

Die besprochenen Bewußtseinsstrukturen waren Sprünge, die das private und soziale Leben des Menschen von Grund auf veränderten und ihn aus seiner Not und Bedrängnis befreiten. Das ist besonders deutlich beim Übergang vom mythischen zum mentalen Bewußtsein. Es besteht kein Grund dafür, daß so etwas nicht auch in unserer Zeit geschehen könnte. Allerdings steht es nicht in der Macht des Menschen, eine weitere Bewußtseinsmutation herbeizuführen, ebensowenig wie es von ihm abhing, daß er Mensch wurde. Wo immer man die Grenze zwischen Tier und Mensch zieht, in einem gewissen Moment ereignete sich die erste Menschwerdung. Aber auch nachdem der erste Mensch eine Wirklichkeit geworden war, hing es nicht von seinem Eingreifen ab, ob er zu dem wurde, was wir den magischen Menschen nennen. Das Gleiche gilt für den mythischen und mentalen Menschen. Es war immer etwas wesentlich Neues, das hinzukam. Wohl hing es von ihm ab, wie er damit umging. Das galt ganz besonders für den mentalen Menschen. Erst bei ihm kann man im eigentlichen Sinn von Verantwortung sprechen, wenn er versagte. Denn erst er konnte sein Schicksal selbst in die Hand nehmen, was er auch tat. Es wäre jedoch falsch zu meinen, der Mensch hätte niemals das Danaergeschenk des Denkens annehmen sollen; denn es war seine einzige Rettung. Die mythische Mutation war defizient geworden, genau wie die mentale Mutation jetzt defizient geworden ist. Was die neue Mutation betrifft, die uns retten kann, so hängt es nicht von uns ab, daß sie überhaupt kommen kann, wohl aber in etwa, ob sie bald zustande kommt.

Man könnte die Frage stellen, was denn eigentlich die integrale Struktur sei. Eine begrifflich klare Darstellung ist natürlich in dieser Materie nicht möglich. Wenn wir das in den Termini der mentalen Struktur tun könnten, wäre das ein Beweis dafür, daß es keine wirklich neue Bewußtseinsstruktur ist. Es wäre dasselbe, wie wenn der mythische Mensch erklären könnte, worin das schlußfolgernde Denken bestünde, was offenbar über seine Grenzen ginge. Denn die mentale Struktur ist perspektivisch und dreidimensional, wogegen die integrale Struktur aperspektivisch und vierdimensional ist. Die dritte Dimension kann man ohne Schwierigkeit darstellen; die vierte entzieht sich jeder Darstellung.

Wohl kann man das Thema von verschiedenen Seiten angehen und auf diesem Weg einen Gesamteindruck gewinnen, der es unserem Verständnis näherbringt. Das wollen wir auch trotz aller Schwierigkeiten versuchen. Von der integralen Bewußtseinsstruktur läßt sich zunächst sagen, daß sie alle bisherigen Dimensionen integriert hat. Wenn das integrale Bewußtsein aperspektivisch ist, so ist das perspektivische Denken im Sinn des rationalen Denkens deswegen nicht radikal ausgeschlossen, ebenso wie die vorhergehenden Strukturen. Nur wenn diese Strukturen maßlos werden, gereichen sie zum Schaden und können schließlich zur Vernichtung führen. Der Ausdruck «Dimension» ist für die vierte Dimension eigentlich nicht am Platz und sogar irreführend. Sie ist zu verstehen als Integrierung im Sinn des Vollzugs einer «Gänzlichung», d. h. Wiederherstellung des unverletzten ursprünglichen Zustandes unter bereicherndem Einbezug all dessen, was die Strukturen bisher geleistet haben. Das bedeutet nicht nur, daß dem Menschen der neuen Struktur die verschiedenen Strukturen, die ihn konstituieren, durchsichtig und bewußt werden, sondern auch, daß er ihre Auswirkungen auf sein eigenes Leben und Schicksal gewahr und der defizient wirkenden Komponenten durch eigene Einsicht Herr wird. Das ist aber erst möglich, wenn die vorhergehenden Strukturen integriert sind.

Daraus ergeben sich zwei Folgerungen. Erstens: Die rationale Schärfe ist nicht mit dem Bewußtsein identisch. Zweitens: Beim Vollzug der Integration kann es sich niemals um eine Bewußtseinserweiterung, von der die heutige Tiefenpsychologie spricht, handeln, sondern nur um eine Bewußtseinsintensivierung.

Die Tatsache, daß es in jeder Struktur zwei Phasen gibt, die qualitativ-maßvolle, die effizient ist, und die quantitativ-maßlose, die defizient ist, könnte zu dem Schluß verleiten, daß auch hier wie anderswo das Neue nach einiger Zeit degeneriert und untergeht. Diese Beobachtung hat man auch bei vielen Religionen gemacht. Der Stifter war ein Heiliger oder Berufener. Er bekam viele Anhänger. Dann wurde die Religion organisiert. Aber der Geist starb, und nur die Form blieb noch und wurde von denen, die durch sie lebten, mit Mühe aufrechterhalten, bis ein Sturm alles hinwegfegte.

Doch ist es mit den Bewußtseinsstrukturen bei genauerem Zusehen ganz anders. Das Defizientwerden einer Struktur ist zwar Verarmung und Erschöpfung, aber gleichzeitig auch die Gewähr einer neuen Mutation. Jede Mutation ist in diesem Sinn eine Vervollkommnung des Menschen als solchem, ein Fortschritt im besten Sinn. Aber gleichzeitig besteht doch die Gefahr, daß sie sich ins Maßlose verstärkt. An diesem Punkt befinden wir uns gerade jetzt. Die Lösung ist weder ein weiterer Fortschritt auf dem Gebiet der Wissenschaft, der eine weitere Quantifizierung bedeuten würde, noch das Zurückfallen ins Esoterische im Sinn von Geheimwissenschaften. Auch die Technik hat ihre Grenzen. Man braucht nur an die Kraftwagen zu denken, die zwar immer vollkommener und zahlreicher werden, aber sich auch immer mehr gegenseitig hindern, weil der Raum beschränkt ist, abgesehen davon, daß der Brennstoff nicht unerschöpflich ist. Wir sind auch hier in eine Sackgasse geraten.

In der gegenwärtigen Krise sollten wir nicht vergessen, daß in der Vergangenheit der Niedergang einer Bewußtseinsstruktur immer auch ein Zeichen und sogar eine verborgene Garantie für eine heraufkommende neue Struktur war. Daher ist es heute so wichtig, daß die vierte Dimension integriert wird. Wenn der moderne Mensch auch nur von ferne eine Ahnung hätte von dem, was mit der neuen Dimension gemeint ist, könnte er aufatmen. Er würde neue Kraft verspüren, weil ihm Möglichkeiten aufleuchten könnten, an die er bisher nicht gedacht hat. Anderseits ist jede einseitige Lösung von vornherein zum Scheitern verurteilt; sie ist keine Lösung, sondern im günstigsten Fall nur ein Hinausschieben. Denn sie ist zeitbedingt und mental, gleichgültig, ob sie auf das Nur-Meßbare oder auf das Unmeßbare eingestellt ist. Es handelt sich weder um Aufstieg noch um Abstieg, sondern um eine Umlagerung, eine mutierende Entfaltung. Das Ergebnis dieser Umlagerung ist das Sichtbarwerden des Ursprungs, die Transparenz, das Durchscheinende im Menschen und durch ihn hindurch Sichtbar-Werdende. Es ist der Ausweis einer neuen Mutation, durch welche die vorhergehenden raumzeitlichen Entfaltungen, wie sie sich in der zunehmenden Dimensionierung des Bewußtseins darstellen, integriert und sinnvoll werden.

Durch die Durchsichtigkeit wird auch der Widerspruch zwischen Glauben und Wissen, zwischen Mythos und Wissenschaft überwunden. Dieser Dualismus wird, wohlbemerkt, ohne Vernunftgründe aufgehoben. Das ist von der mentalen Struktur her unverständlich. Doch die Diaphanität, wie sie hier gemeint ist, steht mit dem Rationalen nicht im Widerspruch, sondern geht darüber hinaus.

Die bei der Beschreibung der einzelnen Bewußtseinsstrukturen bereits angesprochenen Beziehungen zu Raum und Zeit sollen nun im Verhältnis zueinander noch verdeutlicht werden. Der magische Mensch war sich weder der Zeit noch des Raumes bewußt, eine Situation, die wir uns heute nicht mehr vorstellen können, um so weniger, als wir von der Bewußtheit des Raumes und der Zeit geradezu besessen sind. Der magische Mensch erlebte die Erde noch nicht als etwas von ihm selbst Verschiedenes, weil er sein Ich noch nicht entdeckt hatte. Für ihn gab es noch kein Gegenüber. Er war Teil des Ganzen. Das Kleinkind erlebt seine Umwelt noch nicht als etwas Fremdes, weil es individuell noch nicht genügend entwickelt ist. Wohl gibt es auch für uns Augenblicke, wo das Ich-Bewußtsein sozusagen verschwunden ist. Das kann gewollt oder ungewollt auf verschiedene Weise geschehen. Das Gegenüber ist dann nicht mehr da wie sonst. Und doch ist dieser Zustand nicht der des magischen Menschen. Der magische Mensch hatte sein Ich noch nicht entdeckt. Wir müssen unterscheiden zwischen Ich-Losigkeit und Ich-Freiheit. Jene gehört dem magischen Menschen, diese dem Menschen des integralen Bewußtseins.

Versuchen wir nun zu verstehen, was zeitlos ist, so wie es bei der magischen Struktur gemeint ist. So etwas wie Zeit, die wir uns heute meistens vorstellen, gibt es nicht als Wirklichkeit. Es ist nur ein Begriff, den wir brauchen, um über die Dinge zu reden oder auch, um sie zu ordnen. Der magische Mensch hatte noch keine Begriffe. Er wußte wohl, ob es Tag oder Nacht, Morgen oder Abend war. Natürlich waren auch das für ihn keine Begriffe, wohl aber Wirklichkeiten. Durch die Mondphasen konnte er überdies die Wirklichkeit längerer Zeiträume erfahren, die er durch die Sonne nicht erfahren konnte. Daher kommt es, daß wir auch heute noch das Jahr in Monate einteilen und man in manchen Ländern – auch Japan gehört dazu – auf dem Land außer dem auf der ganzen Welt gefeierten Jahresanfang auch beim ersten Vollmond noch Neujahrsfeiern hält. Das geschieht dann natürlich bei Nacht, wobei alte Gebräuche in Zeremonien, Musik und Tanz vollzogen werden. Jedenfalls war der magische Mensch zeitlos, so wie er raumlos war.

Es gibt außer der quantitativen Zeit auch Zeit im qualitativen Sinn, z. B. vergehen unserem Gefühl nach die Jahre in der Jugend langsamer als im Alter. Oder ein anderes Beispiel: Eine Minute großen Schmerzes erscheint uns länger als eine Stunde großer Freude. Sehen wir nun, was mit der qualitativen Zeit des mythischen Bewußtseins gemeint ist. Was den Raum betrifft, so blieb auch der Mensch der mythischen Struktur noch «raumlos», wenn auch nicht in dem radikalen Sinn wie der magische Mensch. Aber es änderte sich etwas bezüglich der Zeit. Für diese Struktur ist die Polarität typisch, wohl zu unterscheiden von der Dualität, die es hier noch nicht gibt. Mit der Polarität entsteht das Sich-Ergänzende: Tag und Nacht, Hell und Dunkel. Die Zeit im

Sinn der Zeithaftigkeit mußte wahrgenommen werden, bevor der Raum bewußt werden konnte, was am Ende der mythischen bzw. zu Anfang der mentalen Struktur geschah. Die Zeithaftigkeit der mythischen Struktur gründet nämlich in der Bewegung. Sie ist noch nicht an den Raum gebunden und daher noch nicht quantitativ. Sie ist aus der im magischen Menschen punkthaften Bewußtseinsform durch die Bewegung entstanden, durch die der Punkt zur Linie wurde. Die Linie war jedoch ein in sich geschlossener Kreis, in dem der Mensch der mythischen Struktur noch geborgen war. Daher ist auch die Signatur der mythischen Periode der Kreis. Die Zeithaftigkeit der mythischen Struktur läuft parallel dem Seelischen, das in dieser Periode entdeckt wurde. Die Bewegung ist beiden gemeinsam.

In der magischen Struktur fanden wir die Raum-Zeit-Losigkeit, in der mythischen die Zeithaftigkeit, aber noch kein Raumbewußtsein. Dem begegnen wir erst in der mentalen Struktur. Die mythische Zeithaftigkeit kennt noch keine Zeitphasen wie Vergangenheit, Gegenwart und Zukunft. Das wird anders mit dem mentalen Bewußtsein. Erst dann gibt es eine begriffliche Zeit, die quantitativ ist und auch «Uhr-Zeit» genannt wird. Dann erst unterscheidet man scharf zwischen Vergangenheit, Gegenwart und Zukunft. Zeit in diesem Sinn mißt und teilt, im Gegensatz zur Zeithaftigkeit, die verbindet. Jene zerschneidet schließlich das mythische Weltbild. Die Zeitnot, die uns heute bedrängt, gab es zu Beginn des mentalen Bewußtseins noch nicht in dem Maß wie heute. Dazu kam es erst im Lauf der Jahrhunderte.

Es gibt eine Geschichte des Bewußtseins in dem Sinn, daß man von klar unterscheidbaren Stufen der Bewußtseinsstrukturen bis zur mentalen sprechen kann. Die brennende Frage für uns ist, ob die neue Struktur in weiter Ferne liegt oder schon nahe bevorsteht. Um diese Frage zu beantworten, ist zunächst darauf zu achten, daß wir nicht einfach unsere Begriffe von den Dingen nehmen und die Untersuchung damit anstellen. Denn die neue Bewußtseinsstruktur liegt jenseits des begrifflichen Denkens. Wenn wir das nicht beachten, bewegen wir uns im Kreis und kommen schließlich wieder dahin, von wo wir ausgegangen sind. Ferner müssen wir wissen, welche Anzeichen dafür sprechen, daß ein Phänomen als Zeichen der neuen Struktur gewertet werden kann. Um die Anzeichen richtig zu erkennen, ist unter anderem festzuhalten, daß es sich dabei um seelisch-geistige Phänomene und nicht um physische oder allgemein psychische handelt; denn in dieser, nämlich der geistigen, Richtung liegt die neue Bewußtseinsstruktur.

Daher sei auch zu dieser Art von Phänomenen ein Wort der Erklärung beigefügt. Die Geschichte der seelisch-geistigen Phänomene beginnt mit der Entdekkung der Seele. Diese Phänomene legen daher den Seelenbegriff zugrunde. Daraus entwickelten sich zunächst die vielen Götter. Erst später kam es zum Glauben an den einen Gott, der wohl zum erstenmal in seiner ganzen Wucht durch Mose, den Führer des israelitischen Volkes, zum Ausdruck gebracht wurde, während die den Israeliten benachbarten Völker im Glauben an die vielen Götter beharrten. Im übrigen ist bei der Beurteilung dieser Phänomene im Auge zu behalten, daß das Bewußtsein auf die verschiedenen Abläufe der Wirklichkeit stets entsprechend der jeweils vorliegenden Dimensionalität reagiert, d. h. je nachdem der Mensch auf der magischen, mythischen oder mentalen und erst recht auf der integralen Bewußtseinsstufe steht.

So erklärt sich, daß heute noch viele Menschen von einem neuen Denken oder gar einem neuen Bewußtsein nichts wissen wollen. Sie sind immer noch überzeugt, daß das rationale Denken eine unerschütterliche Denkform ist, mit der man die Wirklichkeit in vollkommener Sicherheit erfassen kann. Es dürfte durch die obigen Ausführungen ersichtlich geworden sein, daß das rationale Denken nicht für immer – und für viele Menschen schon jetzt nicht mehr – zuverlässig ist, wenigstens nicht auf allen Gebieten. Das hängt eng mit den verschiedenen Bewußtseinsstrukturen zusammen. Wie es eine Geschichte des Bewußtseins gibt, so gibt es auch eine Geschichte des Denkens.

Wir wollen versuchen, einiges darüber zu sagen. Vielleicht kann uns dies für ein neues Denken öffnen. Selbstverständlich kann sich das nur auf die mentale Struktur beziehen; denn in der magischen und mythischen Struktur kann man überhaupt nicht von Denken im eigentlichen Sinn reden. Es gab für den magischen Menschen nur ein Erleben. Da er noch ganz mit der Welt eins war, erlebte er sich selbst, indem er die Welt erlebte. Anders ist es mit der Erfahrung, die eine mythische Realisationsform und daher ambivalent ist. Sie ist nur eine Vorform des mentalen Verstehens. Das mentale Denken entstand durch Platons Ideen. Durch sie konnte eine Feststellung geschehen, konnte die Polarität überwunden werden. Mit dem «rationalen» Denken ist die extreme Art des mentalen Denkens gemeint, die sich im Lauf der Zeit entwickelte und weder eine gemäßigte Polarität noch eine über sie hinausgehende Intuition gelten lassen will. Sie herrscht heute noch vor, obwohl sich schon ein neues Denken anbahnt. Das Denken im Sinn Platos hat man im Gegensatz zum perspektivischen und rationalen Denken «Pyramidendenken» genannt. Das Pyramidendenken ist die effiziente Form der mentalen Struktur, das rationale dagegen seine defiziente Form.

Erwähnt sei nur kurz das paradoxe Denken, das auch zum Menschen gehört und unter anderem im religiösen Bereich zur Geltung kommt. Es enthält sowohl rationale als auch irrationale Elemente und ist ein Versuch, die Gegensätze zu vereinigen, was natürlich niemals völlig gelingt. Erst in der integralen Bewußtseinsstruktur werden die Gegensätze endgültig überwunden durch die Transparenz.

So wie das integrale Bewußtsein schließt auch die aperspektivische Welt alle bisherigen Strukturen mit ein. Es wäre aber ein Irrtum zu meinen, daß die aperspektivische Welt eine Synthese aller bisherigen Strukturen sei. In diesem Fall brächte sie tatsächlich nichts Neues. Sie wäre nur eine harmonische Vereinigung der Strukturen. Vielmehr enthält sie etwas, das geradeso neu, ungeahnt und unvorstellbar ist, wie es das rationale Denken für den mythischen Menschen war. Die integrale Struktur wird erst wahrnehmbar, nachdem die vierte Dimension in das Bewußtsein integriert ist. Die aperspektivische Welt ist nämlich überrational oder arational. Daher gehört auch das eigentlich Geistige, das ebenfalls arational ist, der aperspektivischen Welt an. Alle Strukturen bilden also ein Ganzes. Erst wenn diese Ganzheit bewußt wird, ist jene Durchsichtigkeit möglich, die das integrale Bewußtsein auszeichnet.

Wie gesagt, war der Mensch zunächst zeitlos. Darauf folgte die Zeithaftigkeit. Mit der mentalen Struktur wurde die Zeit zwar bewußt, aber unter dem Einfluß des rationalen Denkens fast ausschließlich auf die begriffliche Zeit reduziert. Die Tatsache, daß diese Art von Zeit uns zum Problem geworden ist, bedeutet schon in sich eine prominente Manifestation des neuen Bewußtseins. Außer den verschiedenen Arten der Zeit, die bereits erwähnt wurden, gibt es auch «Zeit», die mit der vierten Dimension identisch ist. Diese Art von Zeit brach zuerst mit der Formulierung des vierdimensionalen Raum-Zeit-Kontinuums durch Einstein in unser Bewußtsein ein. Typisch ist auch, daß die Zeit durch die neuen Kommunikationsmedien fast auf einen Nullpunkt reduziert ist. Auch diese Tatsache zeigt, daß es nicht nur eine Zeit im quantitativen Sinn oder einer Uhr-Zeit gibt.

Eine andere Manifestation des neuen Bewußtseins ist das schon erwähnte Bewußtwerden des Ganzen. Der Mensch ist eine Ganzheit seiner Mutationen. Die genannte Ganzheit ist jedoch keine Zusammenfassung vieler Teile. Echte Ganzheiten, die es auch sonst gibt, konstituieren sich nur dort, wo wir räumlichen und zeitlichen Elementen in der ihnen gemäßen Art zum gemeinsamen Wirkungsbereich verhelfen. Eine ganzheitliche Betrachtungsweise dieser Art wird wohl in einigen wissenschaftlichen Disziplinen vertreten, konnte sich aber bisher nicht durchsetzen. Man kann überhaupt bezweifeln, ob eine derartige Ganzheit im großen Stil möglich ist, solange man noch der perspektivischen Denkweise verhaftet ist. Denn sie führt immer wieder zur Teilung und schließlich zur Zerstörung, wie wir das in Europa in den zwei Weltkriegen erlebt haben. Der Nationalismus, der schließlich dieses Unheil angerichtet hat, ist eine typische Erscheinung des perspektivischen Denkens. Heute müssen wir die Nationen als dynamische Einzelentfaltungen eines großen Kulturkreises betrachten. Bestrebungen in dieser Richtung sind seit Ende des letzten Weltkrieges in Gang gekommen. Dies Bemühen darf man wohl auch als Symptom einer neuen Weltsicht ansprechen.

In der Wissenschaft finden wir heute verstärkt die

Neigung zur ganzheitlichen Betrachtung im Sinn der Überwindung des Dualismus. So war es möglich, alte Gegensätze, wie zwischen anorganisch und organisch, als nicht bestehend anzuerkennen. Dieselbe Annäherung gilt bezüglich Physik und Biologie, Körper und Seele und anderer Gegensatzpaare. Damit wird offenbar die Alleingültigkeit des rationalen Denkens überwunden. Ebenso gilt es, über die bloße Begriffsbildung hinaus zu kommen, ohne deshalb in die psychische Bilderwelt oder in das magische Erlebnis abzusinken.

Die Hauptkriterien für die neue Mutation sind: Ursprung, Gegenwart und die aperspektivische Welt. Mit Ursprung ist hier nicht einfachhin Anfang gemeint, sondern etwas, das nicht raum- und zeitgebunden ist. Ebenso bedeutet Gegenwart nicht einen Augenblick, der immer zwischen Vergangenheit und Zukunft liegt, sondern die ungeteilte Präsenz von Gestern, Heute und Morgen, die in einer bewußt vollzogenen Aktivierung zu jener «Gegenwärtigung» führen kann, die den Ursprung einschließt. Hier wird Ursprung Gegenwart. Wie aus dem Gesagten hervorgehen dürfte, integriert die aperspektivische Welt die vorperspektivische, die unperspektivische und perspektivische Welt und wird eben dadurch von der ausschließlichen Gültigkeit dieser mitkonstituierenden Welten befreit.

Für die Feststellung, ob gewisse Phänomene der neuen Mutation angehören, seien noch einige Hinweise gegeben; z. B. daß ein Phänomen weder zur magischen noch zur mythischen noch auch zur mentalen Struktur gehört. Wenn wir das dagegen auf Grund allgemeiner Gesichtspunkte, z. B. ob etwas negativer oder positiver

Art ist, bewerten, dann fixieren wir etwas und bleiben der mentalen Struktur verhaftet. Ein anderes Merkmal für die neue Mutation ist, daß in seltenen Augenblicken wirklicher, also wirkender Mutationen die bisherigen Kriterien hinfällig werden. Hier könnte man an das vorher angeführte Zitat von Steinbüchel denken, wo er von Eckhart spricht. Andererseits dürfen wir uns nicht durch Unruhen und Störungen beirren lassen, die zu Zeiten der Mutation häufig auftreten. Sie können allerdings die richtigen Entscheidungen nicht wenig erschweren. Hinzu kommt, daß die positiven Versuche, die Menschheit zu retten, wenn sie innerhalb der mentalen Struktur gemacht werden, nicht aussichtsreicher sind als die Zerstörungen selbst, die zur Zeit der Mutation auftreten. Es geht um die Zukunft, die schon in uns ist, nun aber sichtbar gemacht werden muß. Die Art von Zeit, der wir jetzt noch verhaftet sind, die uns bedrängt und nicht zur Ruhe kommen läßt, gibt es im neuen Bewußtsein nicht mehr als ausschließlich gültiges Element, wohl aber wie alle anderen Arten von Zeit im rechten Maß wirksam. Das ist gemeint mit «Zeitfreiheit», die ebenso wie die Durchsichtigkeit das Bewußtwerden des Ganzen voraussetzt.

Ein anderer Umstand, den wir in dieser Zeit des Übergangs im Auge behalten sollten, ist folgender: In der Vergangenheit traten zur Zeit einer Mutation bedeutende Persönlichkeiten auf, wie Sokrates und Plato zu Beginn der mentalen Struktur. In der Gegenwart aber dürfen wir nicht auf eine große Persönlichkeit warten, welche die neue Mutation durchführt. Es gibt heute freilich Menschen, die Massen, besonders die Jugend, begeistern und hinreißen. Aber auch diese Männer oder Frauen können trotz allen guten Willens keine Bewußtseinsmutation hervorbringen. Das ist schon deswegen nicht möglich, weil eine Mutation ein schöpferisches Geschehen ist, ähnlich wie das Entstehen des Universums. Wohl aber muß sich jeder einzelne für das neue Bewußtsein öffnen. Freilich können diejenigen, die verstanden haben, worum es geht, sich bemühen, andere aufzuklären. Es kann eigentlich gegenwärtig nichts Wichtigeres geben als gerade das. Denn es geht um Sein und Nichtsein der Menschheit. Nur das klare Wissen darum, daß der sich vorbereitenden Welt nicht mehr der Begriff Zeit, sondern die Zeitfreiheit das Gepräge gibt, kann uns vor einer vollständigen Verkennung der Gegebenheiten bewahren. Das Geistige kann nur dann evident (durchscheinend) werden, wenn das dreidimensionale Koordinatensystem überwunden ist, in dem nur Sichtbarkeiten Gültigkeit haben. Wir müssen versuchen, die vierdimensionale Ganzheit wahrzunehmen, die raum- und zeitfrei ist.

Das Dilemma der heutigen Erde und Menschheit läßt sich durch keinerlei menschliche Machenschaften lösen, solange sie innerhalb der Grenzen des mentalen Bewußtseins liegen. Die einzige Möglichkeit ist eine Mutation, die jedoch das magische, mythische und mentale Element mit einschließt. Das gilt auch dann, wenn die großen Probleme wie Überbevölkerung, Rohstoffmangel und Umweltverschmutzung auf anderem Weg bewältigt werden sollten.

Typisch für die Ausdrucksweise der aperspektivischen Welt sind drei Hauptkriterien. Erstens: Versuche der Konkretion der Zeit im Sinn der Zeitfreiheit, d. h. das Bemühen, die begriffliche Zeit zu überwinden. Zweitens: Durchsichtigkeit, die nicht auf Grund rationaler Schlußfolgerungen, sondern durch Begriffe und Worte hindurch zum Wesen der Dinge vordringt. Drittens: Das ganzheitliche Wahrnehmen, d. h. ein Wahrnehmen, das immer auch das Ganze mit wahrnimmt und auf diese Weise den extremen Dualismus überwindet. Durch diese Fähigkeit integriert der Mensch nicht nur selbst die neue Struktur, sondern wirkt durch seine bloße Gegenwart auf seine Umgebung in derselben Richtung. Die Wahrnehmung des Ganzen hängt ohne Zweifel eng mit der Durchsichtigkeit zusammen. Man kann sich diese Fähigkeit freilich weder durch Willensanstrengung noch durch Imagination aneignen. Um sie sich anzueignen, muß man darauf bedacht sein, auf vorgefaßte Meinungen, vorausträumende Wünsche und blind waltende Forderungen zu verzichten. Nur wo Egoismus überwunden ist, kann allmählich das Gleichgewicht aller in uns veranlagten Komponenten und Bewußtseinsstrukturen erreicht und der Mensch zur Durchsichtigkeit und zum ganzheitlichen Wahrnehmen befähigt werden.

Den Grund unserer gegenwärtigen Not dürfen wir nicht nur in den Bedrängnissen aller Art suchen, die uns zu schaffen machen. Denn diese Bedrängnisse sind Symptome, nicht aber Ursache unserer Not. Sie sind Symptome der sich anbahnenden Mutation. Viele der bisherigen Versuche, der Menschheit zu helfen, sind dieser Versuchung erlegen und beschränken sich darauf, den Bedrängnissen entgegenzuarbeiten. Das ist selbstverständlich gut, ja unbedingt notwendig. Aber es ist nicht die endgültige Lösung. Anders ist es mit den Versuchen, in das neue Bewußtsein hineinzuwachsen. Hier könnte Pondicherry in Indien genannt werden, wo Sri Aurobindo einen großen Ashram gründete und in Verbindung damit eine neue Stadt, Auroville, ins Auge gefaßt hat, in der für diesen Zweck ideale Bedingungen geschaffen werden sollen. Wir kommen später darauf zurück. Auch im Westen hört man bisweilen von solchen Versuchen.

Das Warum unserer Weltstunde läßt sich also nicht allein in äußeren Gründen und Umständen finden. Die Antwort ist wesentlich die Bewußtseinsveränderung, die sich immer deutlicher anmeldet. Die mentale Bewußtseinsstruktur war um das Jahr 1500 konsolidiert. Trotz aller wertvollen Erzeugnisse der Renaissance, die darauf folgten, begann gleichzeitig die Dekadenz dieser Struktur. Der Mensch hatte versäumt, sich auf das Kommende vorzubereiten. Er fühlte sich allzu sicher in seinem Besitz. Die Kunstwerke der Renaissance bringen das durch die kraftvolle Darstellung des Menschen zum Ausdruck. Diese Kunst gehört bereits der Vergangenheit an. Heute ist es so weit gekommen, daß die Kunst kaum noch den Mut hat, den Menschen darzustellen. Das ist bezeichnend, wenn auch die abstrakte Kunst noch andere Hintergründe hat. Und doch hat der heutige Mensch, von einigen Ausnahmen abgesehen, die Zusammenhänge mit dem kommenden Bewußtsein noch nicht durchschaut.

Es wurde wiederholt erwähnt, daß die Zeit in der gegenwärtigen Bewußtseinsveränderung die Hauptrolle spielt. Zeit ist in diesem Sinn natürlich nicht die begriffliche Zeit, sondern Zeit als Intensität oder ein intenses Element, das die Welt konstituiert. Dieses intense Element, das die Welt konstituiert, steht den extensen Raum-Materie-Gegebenheiten der mentalen Struktur dual gegenüber. Die Zeit als Intensität, das Hauptthema der neuen Mutation, ist das einzige Thema, das bisher nicht in den Mutationen auftauchte. Es ergibt sich also, daß die Durchsichtigkeit und nicht die bloße mentale Wachheit jene neue Kraft des Geistes ist, welche uns die Wahrnehmung der neuen Wirklichkeit ermöglichen könnte. Keines der bisherigen Systeme reicht aus, um sie wahrnehmbar zu machen. Wenn wir die Systeme mit ihren kategorischen Fixierungen nicht als unzureichend abzustreifen vermögen, werden wir uns der neuen Wirklichkeit nicht nahen können. Mit anderen Worten, das ist die Voraussetzung für die Integration des neuen Bewußtseins. Was Zeitcharakter im Sinn von Intensität ist, ist räumlich nicht fixierbar. Es müssen neue Aussageformen gefunden werden, die integrierender und nicht trennender Art sind. Aussageform ist jedoch nicht dasselbe wie Darstellungsform. Würde man eine neue Darstellungsform suchen, so könnte das Ergebnis allenfalls eine neue Philosophie sein. Das aber hieße, in das mentale Bewußtsein zurückfallen. Die Aussageform muß solcher Art sein, daß sie die Frage nach Sein/Nichtsein überwindet, d. h. darüber hinausgeht.

Die Aufgabe, welche die neue Mutation uns stellt, ist nur lösbar, wenn wir die rein mentale Raumwelt des systematischen Denkens überwinden; denn die neue Mutation ist vierdimensional. Das tun wir, wenn wir die

Gültigkeit der «Systase» anerkennen, welche die Wirksamkeit der nicht-kategorialen Elemente in den Bereich der Wahrnehmbarkeit rückt. Sie ist Hilfsmittel, dem konsolidierten Bewußtsein das integrale Bewußtsein des Ganzen zu erschließen. Die Systase ist ebenso wie das System ein Ordnungsschema, arbeitet aber nicht mit rationalen und kategorialen Elementen. Daher ist es ihr möglich, die akategorialen Elemente wahrnehmbar zu machen. Dieses integrierende Bewußtsein befähigt uns auch zur Wahrnehmung und Gegenwärtigung des Ganzen. Aus diesem Sachverhalt ergibt sich auch, daß Systase und Systeme nicht gegensätzliche Ordnungsschemata sind und auch nicht im Kausalzusammenhang stehen. Raum und Zeit sind nur bedingte Realitäten. Erst die Anerkennung der akategorialen Werte ermöglicht die integrale Weltsicht. Ohne sie bleibt die Welt ein nur materiell-raumverhaftetes System ohne Diaphanität. Die neue Aussageform ist ein Ausdrucksmittel und eine Realisationsform, welche den Inhalt und das Thema der neuen Mutation wahrnehmbar macht und zugleich bewußt ihre Wahrnehmung vollzieht.

Es wurde schon angedeutet, daß eine Mutation der Menschheit, wie sie sich jetzt zu vollziehen scheint, schöpferischen Charakter hat. Das soll durch folgende Überlegung verdeutlicht werden. Im Schöpferischen ist Ursprung zugleich Gegenwart. Es ist nicht an Raum und Zeit gebunden. Seine echteste Auswirkung ist die Mutation, die nicht kontinuierlich verläuft, sondern spontan, akausal, sprunghaft ist. Es ist ein sichtbar werdender Impuls des Ursprungs, der seinerseits nichts mit Zeit zu tun hat, ein arationaler Vorgang der Gänzlichung, die, einmal realisiert, unverlierbar ist. Das kann sich auch an ganzen Nationen vollziehen, vorausgesetzt, daß sie bereit sind. So war seit der Renaissance das Bewußtsein des abendländischen Menschen zu neuen schöpferischen Leistungen disponiert. In der sich vorbereitenden und vollziehenden Mutation wirkt das Schöpferische allerdings verwirrend, umgestaltend und lösend, wie wir das eben jetzt am eigenen Leib erfahren. Was den Osten betrifft, so könnte auf das «I Ging», das Buch der Wandlungen, hingewiesen werden. Damals, 1000 Jahre v. Chr., begann der Mensch zum Tagesbewußtsein zu erwachen; er entschied sich für das richtige Handeln; er erlitt nicht mehr einfach sein Schicksal wie bisher; er wurde sein Mitgestalter.[12] In dem Maß wie die neue Mutation zum Durchbruch kommt, ändert sich die Quelle der schöpferischen Kraft im Menschen. Sie verlegt sich nämlich aus der mentalen in die entstehende integrale Bewußtseinsstruktur. In diesem Zusammenhang ist ein Zitat aus Aldous Huxley's «Die Zeit muß enden» aufschlußreich: «Das Leben des Geistes ist ausschließlich ein Leben in der Gegenwart, nie in der Vergangenheit oder Zukunft: das Leben hier und jetzt . . ., ein Leben außerhalb der Zeit, das Leben in seiner Wesenheit und in seinem ewigen Prinzip. Und darum behaupten sie alle – alle Menschen, die die beste Eignung haben, es zu wissen –, daß das Gedächtnis überlebt werden und man ihm zuletzt absterben muß. Wenn es einem gelungen ist, das Gedächtnis abzutöten, sagt Johannes vom Kreuz, ist man in einem Zustand, der nur um einen einzigen Grad weniger vollkommen und nutzbringender ist als der Zustand des Einsseins mit Gott. Das ist eine Behauptung, die ich beim ersten Lesen unverständlich fand. Aber nur, weil ich mich damals vor allem mit dem Leben der Poesie befaßte, nicht mit dem Leben des Geistes. Heute weiß ich durch demütige Erfahrung, was alles das Gedächtnis tun kann, um die Erkenntnis des ewigen Grundes zu verdunkeln und zu verhindern.»[13]

Es gibt zwei Ansätze des neuen Bewußtseins, nämlich den geistigen und den physischen. Der geistige betrifft hauptsächlich seine Einstellung zum Zeitphänomen, zur Erinnerung. Anstelle des Hineintauchens ins Zeitlose und des Herausschöpfens in unsere meßbare Zeit tritt der Versuch, in Klarheit, Durchsichtigkeit und geistiger Bewußtheit voranzugehen. Der physische oder körperliche Ansatz besteht in der Darstellungsweise durch Bild oder Skulptur. So wird z. B. der magische, mythische und mentale Mensch in verschiedener Weise dargestellt. Es dürfte jedoch viel schwerer sein, den Menschen des integralen Bewußtseins bildlich darzustellen.

Die vierte Dimension

Im folgenden soll die wiederholt erwähnte vierte Dimension zum besseren Verständnis im Zusammenhang näher erklärt werden. Die echte vierte Dimension ist nicht im eigentlichen Sinn Dimension wie die ersten drei, sondern im Sinn der Zeitfreiheit als akategoriales Element A-mension. Sie bewirkt zugleich Auflösung und Integrierung der drei Raumdimensionen. Sie löst die Meßbarkeiten und mißt gewissermaßen hindurch. Der Ausdruck «vierte Dimension», der von Einstein stammt, wird heute auch oft auf anderen Gebieten als der Physik gebraucht. Man muß daher gut zuhören, was gemeint ist, wenn irgendwo von vierter Dimension gesprochen wird. In unserer Darstellung verstehen wir darunter die Mutation des Bewußtseins, die wie alle bisherigen Mutationen als latent in uns veranlagt zu betrachten ist und zum Durchbruch kommen muß und sich dann ihrer umgestaltenden Kraft gemäß manifestiert. Jede Realisation einer vierten Dimension kann nur dann weltbildend sein, wenn sie nicht als eine zusätzliche Dimension betrachtet wird, sondern als integrierende. Andernfalls ergibt sich nur eine nochmalige Raumerweiterung, die auf die Dauer nur weltzerstörend wirken kann.

Es versteht sich, daß mit der vierten Dimension in der Physik noch nicht das geschehen ist, was mit der vierten Dimension im Sinn einer Mutation gemeint ist. Denn diese ist in allen Lebens- und Denkbereichen konkret wirksam. Durch die Einführung der bloßen «Zeit» im Sinn von Zeithaftigkeit in die bisherige Raumvorstellung ist diese nur zum Teil überwunden. Es muß aber eine Überwindung erreicht werden, die einer Befreiung gleichkommt und nicht nur eine Raumerweiterung bewirkt. Andererseits darf dabei der dreidimensionale Raum ebensowenig zerstört werden wie die zweidimensionale Fläche durch den dreidimensionalen Raum zerstört wurde. Denn die Befreiung von einer jeweils um eine Dimension geringeren Welt ist vornehmlich eine Befreiung von der ausschließlichen Gültigkeit der weniger-dimensionalen Struktur. Um nochmals auf die Einsteinsche vierte

Dimension zurückzukommen, so ist zu bemerken, daß sie durchaus Hinweise auf allgemeine Gültigkeit enthält, z. B. Unanschaulichkeit, nicht zu verwechseln mit Abstraktion. Denn auch sie ist mit der bloßen mentalen Vorstellung nicht darstellbar.

Auch die Zeitfreiheit, ein anderer Aspekt der vierten Dimension, läßt sich ihrer Natur nach nicht definieren. Wir können sie vielleicht durch die Beantwortung dreier Fragen einigermaßen verständlich machen. Die erste Frage lautet: Was ist Zeitfreiheit? – Es ist die bewußt gewordene Form des archaischen, ursprünglichen Vorzeithaften. Jener archaische Mensch hatte noch keine Ahnung von Zeit oder Zeithaftigkeit. Für ihn gab es daher auch keinen Mangel an Zeit, während wir heute davon ständig bedrängt werden und durch den damit verbundenen Streß nicht mehr zur Ruhe kommen. Das heißt jedoch nicht, daß jener archaische Mensch zeitfrei im Sinn der Zeitfreiheit war. Sondern er war zeitlos. Damit aber fehlte ihm etwas, das zum voll entwickelten Menschen gehört. Wenn wir heutigen Menschen uns dieser vollkommenen Unberührtheit von jeglicher Art von Zeit bewußt werden und uns doch aller Zeitformen bewußt bleiben, dann genießen wir alle Arten von Zeit, ohne daß sie uns irgendwie bedrängen. Die Zeitfreiheit ist also weder Zeitlosigkeit noch Zeitverhaftetsein und doch Zeit.

Die zweite Frage lautet: Inwiefern ist die Zeitfreiheit realisierbar? Das geschieht, wenn wir die einzelnen Zeitformen realisieren, indem wir der magischen Zeitlosigkeit, der mythischen Zeithaftigkeit und der mentalen Begriffszeit ihren ganzheitlichen Wirkcharakter zuerkennen und sie ihrer Bewußtseinsgrade gemäß leben. Diese Konkretion der Zeit erschließt uns die vorbewußte Vorzeitlosigkeit. Insofern ist die Zeitfreiheit die bewußte Quintessenz aller bisherigen Zeitformen. Ihre Bewußtwerdung ist zugleich die Befreiung von allen drei Formen. Alles wird Gegenwart und damit integrierbare Gegenwart. Das aber heißt: Vorbewußter Ursprung wird Gegenwart. Damit nehmen wir die Welt in ihren Grundlagen wahr und sind nicht mehr ausschließlich gebunden an die Erlebnis-, Erfahrungs- und Vorstellungsformen der Welt. Wir sehen diese Welt nicht mehr perspektivisch fixiert, sondern aperspektivisch und unfixiert. Wer die drei bisher grundlegenden Zeitformen, d. h. die magische Zeitlosigkeit, die mythische Zeithaftigkeit und die mentale begriffliche Zeit zu realisieren und damit zu konkretisieren vermochte, steht bewußt in der Vierdimensionalität.

Die dritte Frage lautet: Warum ist die Zeitfreiheit die vierte Dimension? Weil sie die vierte Dimension konstituiert und erschließt. Durch die Zeitfreiheit werden nämlich die Fundamente durchsichtig bis hin zu der ursprünglichen und vorbewußten Vorzeithaftigkeit. Die bewußte Form der Vorzeitigkeit, die Zeitfreiheit, ist daher die vierte Dimension. Es sei nochmals daran erinnert, daß man die vierte Dimension und alles, was damit zusammenhängt, nicht im eigentlichen Sinn darstellen kann. Daher wird auch die obige Erklärung, die sich auf Jean Gebsers «Ursprung und Gegenwart» stützt, manchen nicht befriedigen. Sie ist eben doch nur ein Versuch und kann wenigstens einer Annäherung zum Verständnis dienen. Erst wer die vierte Dimension integriert hat, weiß, was sie ist, und für ihn ist sie eine Selbstverständlichkeit.

Hier stellt sich die Frage: Was können und sollen wir tun, damit das neue Bewußtsein zum Durchbruch kommt? Dazu sollen an dieser Stelle nur einige allgemeine Hinweise gegeben werden. Konkrete und ausführliche Anweisungen folgen später.

Zunächst und vor allem müssen wir uns bemühen, die Alleingültigkeit des rationalen Denkens zu überwinden. Mit anderen Worten, es geht darum, sich dem Systemzwang des Dreidimensionalen zu entziehen, durch das alles fixiert und ein unausweichliches Dilemma entstanden ist, in dem sich der Mensch sozusagen totgelaufen hat. Wo das gelingt, verwandelt sich das Mental-Rationale aus einer Hauptkomponente in eine bloße Komponente neben und mit dem Magischen und Mythischen, die zusammen in der Diaphanität integriert werden. Eine mögliche Hilfe kann das erwähnte Konzept der akategorialen Elemente sein, die als Systasen den bloßen Begriff Zeit überwinden und auch alle anderen Aspekte der Zeit wahrnehmbar machen und auf diese Weise ahnen lassen, daß Zeit eine immerwährende Fülle geistiger Art ist.

Weiterhin ist zu bedenken, daß wir in einer Periode des Übergangs leben. Wenn wir uns aus der Bedrängnis, in die wir durch die Alleingültigkeit der sogenannten Uhr-Zeit gekommen sind, befreien wollen, müssen wir die Zeit aus ihrer rationalen Vergewaltigung lösen. Man spricht in diesem Sinn auch von einer Rehabilitation der Zeit. Das zu vollziehen ist freilich keine leichte Sache. Denn es besagt, daß wir das logische Denken transzendieren, das uns wenigstens im Westen seit zweitausend Jahren das Höchste zu sein schien und für lange Zeit auch war. Gerade deswegen scheint es vielen ein Ding der Unmöglichkeit zu sein, sich aus dieser Verstrickung zu lösen. Trotzdem ist es eine Tatsache, daß schon lange, wenn auch vielleicht unbewußt, um diese Befreiung gekämpft und gelitten wurde. Bis vor einigen Jahrzehnten gab es für viele Menschen immer noch die Möglichkeit, durch religiöse Bindungen das ganze uns heute bedrängende Problem in etwa der mental bewußten Sphäre zu entziehen. Schöpferische Allmacht, Ewigkeit und Unendlichkeit waren für viele Menschen fraglose Postulate des Glaubens, und die Verbürgtheit des bürgerlichen Menschen in seine Welt störten ihn nicht auf, neue Sicherungen zu suchen. Es gab noch einen kollektiven Glauben, der hinter den einzelnen Gläubigen stand. Das ist heute nicht mehr so, wenigstens bei uns im Westen nicht. Es ist bekannt, daß das religiöse Fundament durch den Rationalismus schwer erschüttert wurde. Es kam schließlich zur Totsagung Gottes.

Trotzdem gibt es auch heute gewiß noch Menschen, die sich durch einen tiefen Glauben sozusagen über Wasser halten, wenn auch die eben geschilderte allgemeine Notlage dadurch nicht behoben oder auch nur gemildert wird. Die Zahl derer, die das noch können, nimmt im Gegenteil beständig ab. Denn die begriffliche Darstellung der religiösen Wahrheiten reicht oft auch aufrichtigen Christen nicht mehr aus. Daher suchen viele von ihnen nicht mehr in der Theologie, sondern in der Glaubens- und Gotteserfahrung auf verschiedenen Wegen ihr Heil. Das ist eine typische Erscheinung unserer Zeit und sollte nicht als Verlust angesehen werden; denn es ist in Wirklichkeit ein Fortschritt. Dazu kommt, daß das Mentale nicht einmal ausreicht, um das Mythische, geschweige denn das Magische zu begreifen. Mit dieser Einschränkung auf das Mentale bejahen wir vielleicht nur ein Drittel der Weltwirklichkeit, wie das aus den früheren Ausführungen über die Bewußtseinsstrukturen ersichtlich sein dürfte.

Die neue Struktur soll alles integrieren. Da sich das aber nicht systematisch erfassen läßt, entsteht bei vielen Menschen, die im Rationalen verhaftet sind, Mißtrauen und Angst. Andererseits muß gegenüber solchen Bedenken auch wieder zugegeben werden, daß all das, was über das neue Bewußtsein gesagt wurde und vielleicht gesagt werden könnte, nicht als unumstößlich aufgefaßt werden darf. Es sind nur vorsichtige, wenn auch nicht unbegründete Vermutungen. Sicherheit können wir darüber erst haben, wenn die neue Struktur integriert ist. Es ist ähnlich wie bei früheren Übergängen von einer zur nächsten Struktur. Noch viel weniger können wir uns konkret in allen Einzelheiten vorstellen, wie dann das Leben in der Welt aussehen wird. Eines können wir auf jeden Fall tun, nämlich versuchen, erste Manifestationen der neuen Mutation festzustellen.

In dieser Untersuchung geht es weder um eine philosophische Interpretation noch um eine Synthese, sondern darum, aufzuzeigen, was dank eines intensiveren Bewußtseins wahrnehmbar wird. Jedoch ist das im folgenden vorgelegte Material nur ein Bruchteil dessen, was bereits da ist. Es versteht sich von selbst, daß durch eine Berufung auf die Fachterminologie allein dieses Vorgehen nicht wegdisputiert werden kann, wenn diese voraussetzt, daß keine Mutation im Anzug oder gar schon im Entstehen begriffen ist.

Mathematik und Physik

An erster Stelle soll von der Mathematik die Rede sein. Es war nicht mehr die euklidische Geometrie, die fast 2000 Jahre Gültigkeit hatte, sondern die nach-euklidischen Geometrien, aus denen jene vierte Dimension erwuchs, die Einstein als «Zeit» in die Physik einführte. Auf diesen Grundlagen ist die heutige Technik überhaupt erst möglich. Die Wahrscheinlichkeitsrechnung setzt sich immer mehr durch gegen das von Gesetzen beherrschte Weltbild, das bis vor kurzem gültig war. Nichts hat wohl die Ansichten unseres Jahrhunderts – wenigstens bis zur Hälfte – so stark beeinflußt und grundlegend verändert bis ins tägliche Leben, wie gerade gewisse von der Physik erarbeiteten Konzepte durch Einstein und Max Planck. Das ist um so erstaunlicher, als die heutige Physik ihre Ergebnisse nicht in Abstrakta ausdrückt, sondern im Unanschaulichen. Vor allem auch dadurch gelang es, die bloße Dreidimensionalität zu überwinden. Carl Friedrich von Weizsäcker bemerkt dazu: Das mechanische Weltbild der klassischen Physik, das bis zum Jahr 1900 Gültigkeit hatte, «ist zerstört, gründlicher, als man es hätte erraten können. Das ist kein Unglück, sondern eine heilsame Lehre . . . Die neue Physik ist das erste geschlossene, mit mathematischer Exaktheit faßbare System einer Naturerkenntnis jenseits der Grenzen des mechanischen Weltbildes.»[14]

Das Zeitthema beherrscht auch die Physik. Durch Einstein wurde die Zeit aus der bloßen Abstraktion befreit, sie wurde zu einem relativen Element innerhalb des «Weltbildes», das nicht nur eine bloß statische Welt vorstellte, sondern sie in Fluß brachte und sie in das neu konzipierte Raum-Zeit-Kontinuum verwandelte. Der entscheidende Schritt geschah durch die Quantentheorie Plancks. Er wies nach, daß die Natur doch Sprünge macht. Das «natura non facit saltus» zerbrach. Unsere Welt baut sich daher nicht kontinuierlich, sondern diskontinuierlich sprunghaft auf, nicht voraussehbar. Die Zeit ist demnach keine lineare, stetige, kausal bestimmte Größe, sondern eine Intensität eigener Art. Das bedeutet, daß uns die physikalische Erkenntnis die Komplexität dessen erschließt, was sich «hinter» dem bloßen Begriff «Zeit» verborgen hatte. Die Relativitätstheorie lehrt, daß wir zu einer allgemein gültigen Einsicht nur kommen, wenn wir die Ereignisse nicht in

Raum und meßbare Zeit zerlegt betrachten. – Die neue Physik enthält einen weiteren Hinweis auf eine durchaus neue Zeitauffassung, indem sie vertritt, daß die Welt endlich ist, aber unbegrenzt.[15]

Das Gegensatzpaar Raum–Zeit ist schon zur Raum-Zeit-Einheit zusammengeschmolzen. Ebenso sind Energie und Materie keine Gegensatzpaare mehr. Die Welt ist vom beobachtenden Subjekt nicht mehr trennbar und somit nicht objektivierbar. Das heißt aber, daß das objektivierende Denken das Objekt nicht in seinem Wesen erfaßt. Das alte Gegensatzpaar Welt–Mensch bzw. Objekt–Subjekt und damit die mentale Perspektivität sind, physikalisch gesehen, hinfällig geworden. Das rein rationale Denkschema ist nicht mehr ausreichend, es hat zum mindesten keine Alleingültigkeit mehr. Zwischenlösungen können höchstens ein zeitweiliges Dasein führen. Das Konzept These–Antithese–Synthese kann sich nicht mehr halten. Die angeführten Einsichten aus der Physik dürfen als Manifestationen des neuen Bewußtseins angesprochen werden.

Die Unanschaulichkeit des heutigen physikalischen Weltbildes ist eine Tatsache. Alle Versuche, die atomaren Strukturen und Vorgänge anschaulich zu machen, sind heute als gescheitert zu betrachten. Sogar das Kausalitätsprinzip mußte preisgegeben werden. Wir wissen heute, daß die grundlegenden Abläufe akausal, unstetig, undeterminiert verlaufen. Zum mindesten in der Physik sind diese Grundgesetze des begrifflichen Denkens weitgehend illusorisch geworden. In der Physik ist die frühere Sicherheit bloße Wahrscheinlichkeit geworden.

Die neuen bahnbrechenden Entdeckungen sind kein Zufall. Sie wurden und konnten überhaupt nur gemacht werden, insofern sie die Realisierung einer Disponiertheit für eine intensivere Bewußtseinsstruktur waren. Die Gesamtheit aller möglichen Ereignisse bildet eine vierdimensionale Welt. Sie ist unvorstellbar. Die Unvorstellbarkeit hat arationales Gepräge. Doch wird sie schließlich in Durchsichtigkeit umgesetzt, welche hinwiederum eine typische Eigenschaft der vierdimensionalen Struktur ist.

Die Biologie

Die neue Biologie strebt einer neuen Bewußtseinshaltung zu. Die Zeit wird als Qualität berücksichtigt. Das Zeitthema tritt zu Beginn unseres Jahrhunderts in den Vordergrund. Die Auffassung des nichts als rhythmischen und evolutiven Ablaufs im biologischen Geschehen wird verunsichert. Die Tatsache diskontinuierlicher, spontaner schöpferischer Akte konnte nicht mehr übersehen werden. Die Quantität Zeit nimmt Qualitätscharakter an. Sie verwandelt sich aus einer extensiven Größe meßbarer Art in ein intensives Element nicht vorherbestimmbarer Wirksamkeit.

Es wurde auch der Beweis für die zweckfreie Organbildung erbracht, eine Tatsache, die sich in keinem System unterbringen läßt. Das ist ein Symptom vom Ende des allein gültigen rationalen Denkens und des Heraufkommens einer vierten Dimension, die über das rationale Denken hinausgeht. Der Dualismus organisch–anorganisch, Körper–Seele, Materie und Geist ist überwunden. Überwindung ist jedoch nicht dasselbe wie Abschaffung. Es darf sich niemals darum handeln, diese Basisvorstellung des Mentalen abschaffen zu wollen, sondern lediglich darum, ihren Ausschließlichkeitscharakter zu überwinden. Das Mentale wird auch nicht dadurch überwunden, daß die Polarität an seine Stelle tritt, sondern indem an seine Stelle das Integrationsprinzip tritt. Das aber ist die Zeitfreiheit.

Sowohl Physik als auch Biologie haben also die Alleingültigkeit des Mentalen verlassen. Beide haben magische und mythische Konzepte integriert. Erst dieser vital-mythisch-mentale Dreiklang ermöglicht den Absprung in die vierte Dimension, die für die neue Bewußtseinsstruktur charakteristisch ist. Diese Raum-Zeit-Freiheit ist jedoch weder magisch-vital noch mythisch-psychisch, noch mental-rational, sondern geistig. In diesem Sinn ist die vierte Dimension in ihrer Fülle der erste Ausdruck einer Konkretion des Geistigen. Sie ist deswegen auch nicht systematisch faßbar, aber wohl in ihrer Wirksamkeit wahrnehmbar.

Psychologie

Die Erforschung des Unbewußten wird zum Generalthema. Sie ist der Beginn der Psychologie als Wissenschaft: Die Suche nach den unbewußten Gründen des Lebens. Sie ist gleichzeitig der Beginn weiterer fünf Wissenschaften, die dasselbe suchen: Archäologie, Geologie, Mythologie, Okkultismus und Psychologie.

Das Unbekannte, die früher als verhext bezeichneten Phänomene, werden untersucht. Die Psychologie befaßt sich mit den nicht räumlichen Gegebenheiten der Seele. Im Jahr 1900, als Planck seine Quantentheorie aufstellte, veröffentlichte Freud seine «Traumdeutung». 1906 veröffentlichte Einstein die erste Relativitätstheorie und Freud die «Vorlesungen zur Einführung in die Psychologie», die uns hier interessiert; denn psychologisch ist das «Unbewußte» ein anderer Aspekt der vierten Dimension.

Das Zeitthema kommt in der neuen Tiefenpsychologie sowohl generell als auch aspektmäßig zur Sprache, generell insofern, als die Psyche oder das Unbewußte nicht räumlich faßbar sind. Aspektmäßig insofern, als das Phänomen Zeit seines Begriffscharakters entkleidet und in einer neuen Aspektierung und Manifestationsart erkennbar ist. Der Mut Sigmund Freuds, den Traum ernst zu nehmen, hat das ermöglicht. Im Traum ist der Ablauf des Geschehens intensiver und schneller als im Wachbewußtsein. Die Traumzeit ist eine andere als die Uhr-Zeit oder als die Begriffszeit.

In der «komplexen Psychologie» von C. G. Jung gibt es ein deutliches Bemühen um die Überwindung des Dualismus, das sich von zwei Hauptthesen Jungs ablesen läßt. Die eine ist die «Individuationslehre», die andere seine «Quaternitätslehre». Jung zielte nicht auf Wahrnehmung des Geistigen. Trotzdem enthält sein früheres Konzept der Archetypen arationales Gepräge. Die Unterscheidung zwischen psychologischem Geschehen und dem rein Geistigen ist durchaus berechtigt und wichtig in der Beurteilung gewisser Phänomene, die irgendwie den mystischen Erfahrungen zugerechnet werden können. Aber man muß davor warnen, beim Vergleich zwischen christlichen und nicht-christlichen Erfahrungen dieser Art zu leicht die Erfahrungen der letzteren dem «psychologischen» Bereich zuzurechnen, während man die der christlichen Mystik ohne weiteres dem rein Geistigen zuschreibt.

Die Archetypen sind jedenfalls etwas, das immer schon da war und immer da ist. Sie sind Urbilder, die der Psyche inhärieren und in Träumen, Phantasien, Mythen, Märchen, Dichtungen und anderen psychisch bedingten Manifestationen nachweisbar sind. Sie selbst sind sozusagen von «ewiger Präsenz»; das aber besagt, daß sie zeitfrei sind. Sie sind von der Art, daß sie, ohne selber eine materielle Existenz zu besitzen, doch das Psychische präformieren; sie liegen der Psyche achromatisch und amateriell zugrunde; sie sind zudem für den Intellekt unbekannt und undefinierbar. Damit ist die bloße Rationalität und bloße Irrationalität überdeterminiert worden. Also auch von der psychologischen Forschung aus wird die Zeitfreiheit wahrnehmbar.

Philosophie

Die Philosophie begann mit dem griechischen Denken. In ihr wurde die Mutation aus dem mythischen Bewußtsein vollzogen. Sie ist bei aller Anerkennung des Großen, das sie geleistet hat, in den zweieinhalbtausend Jahren ihres Bestehens, im bisherigen Sinn zu Ende. Das Zeitelement wird vordergründig seit der Wende des 18.

zum 19. Jahrhundert auch in der Philosophie. In dem Moment, da Descartes die analytische, immer noch quantitative Methode einführt, entwirft Pascal seine Philosophie des Herzens. Hegel spricht das Thema der Zeit mit seiner «Phänomenologie des Geistes» in der gleichen Richtung an. Auch Kierkegaard tut das in seiner Schrift «Zeit und Freiheit», in der er den Augenblick in Beziehung zur Ewigkeit setzt und den Begriff «Zeitlichkeit» einführt. Ihm folgt Bergson in seinem Werk «Zeit und Freiheit», in dem er die Zeitanalyse aufnimmt. Er sagt: «Zeit ist Zeugung, oder sie ist schlechthin nichts»[16] Damit wird sie vom Raum gelöst, also raumfrei, und erhält jene Eigenständigkeit, die ihr durch bloße logistische Deduktion niemals zusprechbar gewesen wäre.[17]

Später, 1927, erscheint Heideggers «Sein und Zeit». Auch hier wird dieses Thema behandelt. Gleichzeitig wurden die Werke von Nicolai Hartmann, Gabriel Marcel und Alfred North-Whitehead veröffentlicht, die das Zeitproblem ontologisch, existentiell und metaphysisch untersuchen. Die Philosophie ist auf dem Sprung aus der räumlich gegebenen Vorstellungswelt dreidimensionaler Art in die vierdimensionale Wahrnehmungswelt der aperspektivischen Raum-Zeit-Freiheit.

Die neuere Philosophie verrät offenbar eine Hinwendung zum Ganzen und zum Diaphanen, verzichtet damit auf die Vorstellbarkeit und Dreidimensionalität und geht daher in Richtung der Vierdimensionalität. «Was seit einem halben Jahrhundert immer mehr Menschen aussprechen, wird, trotzdem bald alle es sagen, immer wieder schnell vergessen: Ein neues Zeitalter ist im Entstehen, das den Menschen bis zum letzten Individuum einer so radikalen Umwandlung unterwirft, wie sie in historischen Zeiten noch nie geschehen ist. Weil aber die Verwandlung der realen Lebensverhältnisse so tief geht, muß die Wandlung religiöser Gewißheitsformen entsprechend tiefer gehen, um das Neue zu gestalten, daß es tragbar und beseelbar wird. Es ist eine Verwandlung dessen zu erwarten, was wir Materie, das Kleid, die Erscheinung, die Sprache des Glaubens nannten, und zwar eine Verwandlung unseres Zeitalters . . .»[18] Jedenfalls ist die «philosophia perennis» (die für immer gültige Philosophie), die scholastische Philosophie, vom neuen Bewußtsein her gesehen nicht mehr richtig, obwohl sie innerhalb des mentalen Bewußtseins durchaus richtig war. Das klingt anmaßend. Doch war es nicht weniger anmaßend, daß der Mensch einst glaubte, mit der Integrierung der mentalen Bewußtseinsstruktur seine höchste Stufe erreicht zu haben, und sich zum Maß aller Dinge machte. Heute sollten wir uns öffnen für die höhere Bewußtseinsstufe, auf der das Denken ein offenes Denken sein wird, nicht mehr ein geschlossenes, das auf den einen Punkt der Perspektive festgelegt ist.

Soziologie

Auch auf dem Gebiet der Soziologie macht sich das Bestreben nach Überwindung des Dualismus bemerkbar. Einen Markstein hat die Französische Revolution gesetzt. Die Menschheit als ganze ist in den seither verflossenen 200 Jahren im Sinn der echten Überwindung des sozialen Dualismus gewiß ein gutes Stück weitergekommen. Das gilt nicht nur in der Beziehung von Mensch zu Mensch allgemein, sondern auch und ganz besonders in der Beziehung zwischen jung und alt. Heute ist besonders seit den beiden Weltkriegen noch etwas anderes vordergründig geworden: die Überwindung des Nationalismus und die Erkenntnis, daß die ganze Menschheit eins werden muß. Daher die unermüdlichen Bemühungen um einen dauernden Weltfrieden. Wer den Ersten und Zweiten Weltkrieg miterlebt hat, kann ermessen, was das heißt. Wenn diese schrecklichen Kriege notwendig waren, damit sich diese Umwandlung vollziehen konnte, so haben sie wenigstens die Menschheit auf diesem Gebiet ein großes Stück weitergebracht. Das bleibt wahr, obwohl wir trotz aller Bemühungen mit einer noch größeren Weltkatastrophe rechnen müssen. Es scheint, daß der Mensch des mentalen Bewußtseins nicht imstande ist, den Traum eines ewigen Weltfriedens zu verwirklichen. Hier könnte man an ein Wort von Lecomte du Noüy denken: «Der Mensch und sein heutiges Gehirn stellen nicht das Ende der Entfaltung dar, sondern nur eine Zwischenstufe der Vergangenheit, welche schwer belastet ist mit der Erinnerung an das Tier und der Zukunft, welche reich ist an hoher Verheißung. Derart ist die Bestimmung des Menschen.»[19] Das ist heute noch wahr, und daher ist es notwendig, daß der Mensch den Schritt in das neue Bewußtsein vollzieht, durch das wir instand gesetzt werden, das Tier in uns zu überwinden, denn dieses Bewußtsein ist vom Geistigen geprägt.

Mehr noch als die Wissenschaften sind die Künste offen für die jeweils neue Bewußtseinsstruktur, da sie vorwiegend Ausdruck des Prärationalen sind und daher dem Magisch-Mythischen eher als dem Rationalen angehören. Die Kunst ist oft Voraussage für ein neues Bewußtsein. Anderseits besteht aber auch gerade hier die Gefahr, das Falsche mit dem Echten zu verwechseln. Das gilt zum Beispiel für die neue *Musik*. Um die rechte Unterscheidung zu finden, ist nicht immer ausschlaggebend, ob sie im herkömmlichen Sinn schön ist oder nicht. Sie kann in ihren Ansätzen für viele Menschen, die für die klassische Musik begeistert sind, unausstehlich sein und trotzdem echt im Sinn einer Voraussage für die Zukunft. Das kann gerade deswegen so sein, weil sie in einer bestimmten Richtung von den Regeln der klassischen Musik abweicht.

Die temporischen Bemühungen klingen uns aus allen Werken der neuen Musik entgegen. Nach Strawinsky beruht die musikalische Schöpfung vor allem auf einer spezifisch musikalischen Auseinandersetzung mit der Zeit, dem Chronos, als dessen folgerichtige Verwirklichung das musikalische Kunstwerk anzusehen ist. Die neue Musik ist im Begriff, die einstigen Zeitformen aufzuheben, zu überwinden. Sie scheint sich damit ausdrucksmäßig der zeitlosen Musik zu nähern, macht sie jedoch zu einer zeitfreien. Dabei bedeutet Zeitfreiheit auch hier wieder bewußt gewordene und überwundene Zeitlosigkeit. Die neuere

Musik weicht in einer bestimmten Richtung von den Regeln der klassischen Musik ab, etwa von der herrschenden Tonalität, dem Dur-Moll-System oder von den Gegensätzen Konsonanz-Dissonanz oder dem Klangraum der Oktave oder dem Dreiklang oder der Fixierung auf den Grundton. Die atonale Musik ist abweichend von allem Zwang. Sie ist offen. In ihr äußert sich der Trieb zum Ursprünglichen im Gegensatz zum Mental-Rationalen. In der Überwindung des Dur-Moll-Dualismus spiegelt sich die Überwindung von Energie-Materie.

Die moderne Musik sucht die Arationalität zu realisieren. Sie ist ein Versuch, der im Menschen erwachten Aperspektivität eine Ausdrucksform zu geben. Strawinsky sagt: «Der integrale Mensch allein ist der hohen Spekulation fähig, mit der wir uns beschäftigen wollen.»[20]

Ähnliches läßt sich von der modernen *Architektur* sagen. Auch hier besteht die Tendenz zur Offenheit. Innen und Außen fließen ineinander über. Sie ist aperspektivisch und löst sich von dem veralteten System der Proportion und bringt Stilfreiheit zum Ausdruck.

Die obigen Angaben sind typisch dafür, daß die Kunst schon immer das Neue, das kommen soll, im voraus in ihrer Weise sichtbar macht. Das gilt besonders für die *Malerei*. Vor etwa 2500 Jahren, wenn nicht schon früher, tauchten die ersten perspektivischen Bilder auf.

In unserer Zeit ist es die vierte Dimension, die man irgendwie darzustellen versucht. An sich ist sie nicht darstellbar. Dieser Umstand verbürgt die Echtheit und Notwendigkeit der durch den Einbruch der Zeit erfolgten Umstrukturierung unserer Weltsicht; denn die Fähigkeit eines neuen Sehens, das mit dem alten Sehen bricht und neue Zusammenhänge und Durchsichten wahrzunehmen ermöglicht, tritt plötzlich in Erscheinung, ist gleichsam ein Sprung, eine Mutation aus der drei- in die vierdimensionale Welt.

Für die Überwindung des Dualismus ist auch die Anwendung der Komplementärfarben typisch. Sie ist ein Übergang von den Kontrastwirkungen zu polaren Bindungen. Die Struktur hat sich grundlegend gewandelt. Auf Grund der Hereinnahme der Zeit sind die Grenzen zwischen dem Raum des Betrachters und dem des Kunstwerks aufgehoben. Das ist jedoch nicht mystisch oder psychisch zu verstehen. Es handelt sich weder um ein mythisch-magisches Absinken in die Raumlosigkeit noch um eine bloß psychologisch erklärbare Identifikation. Hier ist Verlust der Mitte nicht Verlust, sondern Gewinn des Ganzen. Die Arationalität der neuen Malerei ist wie anderswo die Konsequenz oder besser die Haltung, die effizient wird in dem Moment, wo der Einbruch der Zeit zur Wirkung kommt. Sie bringt jeweils die Überwindung des rationalen Dualismus und der perspektivischen Fixierung mit sich; sie öffnet in der Malerei in gleicher Weise den geschlossenen Raum, wie sie das geschlossene Denken in offenes Denken verwandelt oder die bloßen Systeme und Strukturen überdeterminiert.

Hier bahnt sich zudem die Gewinnung der offenen «Welt ohne Gegenüber» an. Damit ist jedoch nicht eine negative, Du-lose, beziehungsleere Weltsicht gemeint, sondern eine entschränkte, entgrenzte Welt, die unserer Wahrnehmung die Fülle und den Beziehungsreichtum des universalen Ganzen erschließt. Die Aufgabe des Gegenüber ist Gewinn des Miteinander. In diesem Miteinander wird das Du – sei es ein Partner, die Welt oder Gott oder das Göttliche – nicht mehr als uns gegenüberstehend begriffen. Subjekt und Objekt, die einander stets dualistisch bekämpfen, verlieren ihren Gegensatzcharakter.

Auffallend ist, daß neuerdings das Wort Eigenwert bekommt, anstatt nur Werkzeug zu sein, um etwas anderes auszudrücken. Das ist gewiß auch ein Zurückgehen zum Ursprung. Diese Erscheinung ist in den Sprachen, die ein Alphabet haben, typisch. In Japan und China, wo man immer noch die vielen Einzelzeichen benutzt, ist das anders. Das Wesentliche ist in diesen vielen tausend Zeichen enthalten. Das ist vielleicht auch ein Grund dafür, daß die Menschen dort immer noch intuitiver sind.

Thematisch kommt die Zeit in der neuen *Dichtung* erst verhältnismäßig spät zur Geltung. Wo die Vorstellungswelt des Mental-Rationalen überwunden wird, kommt das Magische und Mythische wieder zur Geltung. Die Durchsichtigkeit kommt in der Dichtung zur Geltung, wo das Räumliche, Perspektivische und mental Vorstellbare nicht mehr verstellt ist. Arationalität und Diaphanität sind Voraussetzung für die Wahrnehmung des Geistigen. Die neue Dichtung und Sprache birgt die ersten Realisationen dieser neuen Bewußtseinsfähigkeit. Vieles, was man in der neuen Dichtung zunächst nicht versteht und was rational auch nicht erfaßbar ist, wird durch die Diaphanität verständlich.

Sri Aurobindo, am 15. August 1872 in Kalkutta geboren, wurde schon im Alter von 7 Jahren von seinem Vater nach England geschickt. Der Vater selbst hatte in England Medizin studiert und wünschte, daß seine Söhne möglichst unberührt von indischer Kultur erzogen würden. So, glaubte er, könnten sie später am besten für ihr eigenes Volk arbeiten. Aurobindo verbrachte die ersten Jahre in Manchester. Er stand unter der Obhut eines anglikanischen Pastors, der jedoch die Weisung hatte, dem Knaben keinen Religionsunterricht zu erteilen, damit er später seine Religion selbst wählen könnte. Mit 12 Jahren ging er nach London, wo er die klassischen Sprachen Latein und Griechisch und an modernen Sprachen außer Englisch auch Französisch und Italienisch studierte. Mit 18 Jahren begann er das Universitätsstudium in Cambridge. Als er dort in Verbindung mit der indischen Studentenvereinigung revolutionäre Reden hielt, geriet er in Mißkredit. Mit 21 Jahren kehrte er nach Indien zurück. Er war entschlossen, sich ganz für die Befreiung, d. h. die Unabhängigkeit Indiens einzusetzen und alle revolutionären Kräfte zu diesem Zweck zusammenzuschließen. Das konnte auf die Dauer nicht verborgen bleiben. Am 4. Mai 1908 wurde er verhaftet. Der nähere Umstand war der Verdacht, am Mordanschlag auf einen britischen Magistraten in Kalkutta beteiligt gewesen zu sein. Während der Haft hatte er tiefgreifende seelische Erfahrungen, die ihn von

Grund auf umwandelten. Ein Jahr später stand er seinen Richtern für die letzte Entscheidung gegenüber. Das Todesurteil schien unausweichlich. Doch wurde Sri Aurobindo wider Erwarten durch eigenartige Umstände freigesprochen und entlassen, während sein Bruder zum Tod verurteilt und hingerichtet wurde. Er selbst ging trotz allem sogleich in die Freiheitsbewegung zurück. Als ihn ein Jahr später die Warnung erneuter Verhaftung erreichte, verließ er sofort, einer inneren Stimme gehorchend, seinen Aufenthaltsort und ging zwei Monate später ins Exil nach Pondicherry, das unter französischer Oberhoheit stand. Weder die Versuche britischer Agenten noch die Bitten seiner Freunde aus der Freiheitsbewegung vermochten ihn zu bewegen, sein Exil zu verlassen. Er war überzeugt, daß er nun eine neue Berufung geistiger Art für die ganze Menschheit erhalten habe, der er sein weiteres Leben widmen sollte. So kam es im Lauf der Jahre zur Gründung des Ashrams in Pondicherry. Jedoch übertrug er die Leitung im Jahr 1920 seiner Mitarbeiterin Mir Alsfassa, der «Mutter». Er selbst zog sich vollkommen von der Öffentlichkeit zurück, bis er 1950, wie es heißt, seinen Körper verließ. Auroville, die Stadt des Zukunftsmenschen, wurde erst 1968, 18 Jahre später, gegründet, obwohl sie vermutlich schon Aurobindo vorgeschwebt hatte. Jedenfalls geschah die Gründung in seinem Sinn. Die Leitung dieser neu gegründeten Stadt wurde der «Mutter» noch neben der Verwaltung des Ashrams übertragen, bis sie im hohen Alter von 96 Jahren Ende 1973 starb.

Aurobindo hat seine Auffassung in vielen Schriften dargelegt. Auch er spricht von einer Bewußtseinsveränderung, die geschehen muß. Nach ihm ist es der «Übergeist» oder das «Supramentale», das sich im Menschen durchsetzen und an die Stelle des mentalen Bewußtseins treten müsse. Damit das aber geschehen kann, müßten zunächst alle Stufen des mentalen Bewußtseins integriert werden. Diese Stufen werden in ihrer Gesamtheit auch das «Lichtmentale» genannt, weil das Licht je nach der Stufe in verschiedener Weise auftritt. Die verschiedenen Stufen oder Schichten sind: der gewöhnliche Geist, der höhere Geist, der erleuchtete Geist, der intuitive Geist und der Obergeist.

Der gewöhnliche Geist wird mit einer Wolke verglichen, in die von Zeit zu Zeit von oben Licht hineinscheint. Es ist die Stufe, auf der die gewöhnlichen Menschen stehen. Der höhere Geist findet sich oft bei Philosophen und Denkern. Er ist durchsichtiger und freier als der gewöhnliche Geist. Hier spricht man von einem oder mehreren Lichtpunkten, in denen alles andere zusammenfließt und nur das Gültigkeit hat, was dazu paßt. Damit ist offenbar das perspektivische Denken gemeint. Der erleuchtete Geist ist typisch für die Dichtkunst. Er tritt spontan auf und ist unabhängig von festen Gesichtspunkten. Aber er ist von vielen Bildern und Worten begleitet. Damit ist auch die Möglichkeit und sogar die Gefahr verbunden, abgelenkt und zu niedern Zwecken mißbraucht zu werden. Der intuitive Geist unterscheidet sich von dem erleuchteten durch große Klarheit und Durchsichtigkeit. Er besteht in der Erinnerung oder dem Wiederaufleben einer früher einmal in irgendeiner Weise stattgefundenen tiefen persönlichen Erkenntnis, wie sie vielen Menschen ganz unvermittelt zuteil wird. Hier gibt es nicht viele Worte und Bilder, sondern nur einen kurzen, prägnanten Satz oder auch nur ein einziges Wort, in dem alles enthalten ist. Der Obergeist ist der Gipfel des mentalen Bewußtseins. Er ist den großen Religionsstiftern und manchen geistig sehr hochstehenden Dichtern eigen. Hier ist das Licht fast ohne Schwankungen oder auch beständig gegenwärtig.

Was nun das übergeistige Bewußtsein betrifft, so läßt es sich nicht durch Begriffe und mentales Denken definieren. Es ist auch nicht der Gipfel des Bewußtseins, sondern ein neues Bewußtsein. In ihm gibt es keine Gegensätze mehr. Es sieht nicht nur die gesamte Welt der Dinge, sondern alles in einer einzigen Schau. «Für die übergeistige Sinneswahrnehmung gibt es eigentlich nichts Endliches. Sie beruht auf einem Gefühl, daß alles in jedem Ding und in jedem Ding alles enthalten ist.»[21] Desgleichen verbindet das übergeistige Bewußtsein «Vergangenheit, Gegenwart und Zukunft in ihren unteilbaren Zusammenhängen Seite an Seite mit einer einzigen, ununterbrochenen Sichtweite der Erkenntnis». «Das Absolute ist überall . . . jedes Endliche ist unendlich.»[22]

Was hier über den Übergeist oder das Supramentale gesagt wurde, stimmt im wesentlichen überein mit dem, was im Hauptteil dieser Schrift über das integrale Bewußtsein oder die vierte Dimension oder besser noch über die Bewußtwerdung des Geistigen im integralen Bewußtsein gesagt wurde. Bisweilen wird das, was mit Übergeist gemeint ist, bei Aurobindo einfach mit «spirit» bezeichnet. Wenn das Wort «Geist» gebraucht wird, entsteht eine Schwierigkeit für den Vergleich. Wenn das englische Wort «mind» gebraucht wird, wie z. B. in «super-mind», d. h. das, was über den «mind» hinausgeht, wird die Schwierigkeit vermieden. Für «mind» gibt es kein Äquivalent im Deutschen. Wird es aber einfach mit «Geist» wiedergegeben, entsteht Verwirrung. Freilich hat das Wort «Geist» im Deutschen auch nicht immer jene Bedeutung gehabt, die ihm heute zukommt. Es gibt eine «Geschichte der Phänomene Seele und Geist».[23]

Wenn auch der Übergeist bei Aurobindo dem Wesen nach übereinstimmt mit dem, was wir als reinen Geist bezeichnet haben, so hat es zum mindesten den Anschein, als ob in der Sicht Aurobindos der Ursprung des Übergeistes von außen, und zwar von oben, auf den Menschen herabkommen müsse. Dagegen fanden wir bei Gebser und auch bei Teilhard de Chardin, von dem noch die Rede sein wird, die Auffassung, daß der Geist schon immer im Menschen war, aber erst Schritt für Schritt bewußt wurde bis hin zum reinen Geist. Vielleicht ist die Darstellung von Aurobindo trotz allem auch von der westlichen Kultur beeinflußt, mit der er von frühester Jugend an einseitig in Berührung gebracht wurde. Er hat in England sicher von einer Sendung bzw. Herabkunft des Heiligen Geistes gehört und gelesen. Anderseits ist es nicht wahrscheinlich, daß Aurobindo bei dem Dualismus, dem er begegnete, auch der Sache nach bis zum Ende seines Lebens stehengeblieben ist.

Neu ist jedenfalls bei Aurobindo, daß der Übergeist bei ihm nicht nur eine Schau oder ein besondersartiges Wissen ist, sondern auch eine «Macht». Damit ist allerdings nicht eine Art von Magie gemeint, die etwas nicht Gewolltes aufzwingt, sondern die Macht, die unbewußt in der Materie schlafenden Kräfte zu wecken. Die Auffassung, daß es solche verborgenen Kräfte in der Materie gibt, glaubte Aurobindo schon in den Veden, den ältesten Schriften des Hinduismus, gefunden zu haben. Sie wurden von den Rischis, den heiligen Sehern, mit «Agni» bezeichnet. Die «Agni sind in die Erde und den Himmel eingedrungen, als wären sie eins».[24] In dieser Überzeugung haben Aurobindo und die «Mutter» sich bis zum Ende ihres Lebens bemüht, diese Kräfte zu erwecken. Da der ganze Prozeß bis zur Unsterblichwerdung des Körpers sehr lange dauert, ist es selbstverständlich nicht möglich, dieses Ziel, auch wenn einem ein sehr hohes Alter beschieden ist, in einem Menschenleben zu erreichen.

Wir müssen uns auf einige Andeutungen für eine nähere Erklärung beschränken, möchten aber doch versuchen, in diesem Rahmen die ganze Konzeption Aurobindos einigermaßen verständlich zu machen. Manches davon kann uns vielleicht schon jetzt für unser eigenes Bemühen auf dem Weg eine Anregung sein.

Es wird z. B. in Verbindung mit dem Übergeist von «innerer Regungslosigkeit» gesprochen, die in jeglicher Tätigkeit bewahrt wird. Darüber sagt Aurobindo: «Wenn du, während du die großen Taten vollbringst und gewaltige Ergebnisse zeitigst, erkennen kannst, daß du nichts tust, dann wisse, daß Gott das Siegel von deinen Lidern entfernt hat . . . Wenn du, während du allein, still und wortlos auf einem Berggipfel sitzest, die Umwälzungen erkennen kannst, die du hervorrufst, dann hast du die göttliche Schau und bist vom Schein der Dinge befreit.»[25] Das erinnert an das oben bereits erwähnte Wort von Johannes Tauler: «Da weiß der Mensch augenblicklich, was er tun, worum er bitten oder worüber er predigen soll.»[26] Dasselbe gilt von einem Menschen, der die höchsten Erfahrungen in Yoga oder Zen integriert hat. Er weiß unmittelbar und ohne zu zweifeln, was er zu tun hat. Er wird also in seinen Entscheidungen nicht mehr von irgendwelchen ethischen oder sonstigen Prinzipien geleitet. Aber diese Fähigkeit setzt nicht voraus, daß auch der Körper umgewandelt ist im Sinn einer Vergeistigung, verlangt aber einen gewissen beständigen Bewußtseinszustand, der eben über den gewöhnlichen Grad des menschlichen Bewußtseins hinausgeht. Gewiß gibt es heute wenige Menschen, die so weit fortgeschritten sind. In Einzelfällen kann das bei jedem Menschen vorkommen. Wenn das bei allen Menschen der Fall wäre, so hieße das, daß die Menschheit das neue Bewußtsein integriert hätte, von dem in dieser Schrift die Rede ist.

Wie gesagt, genügt das nicht für den neuen Menschen, den Aurobindo als Ziel setzt, nämlich einen Menschen, bei dem auch die Umwandlung des Körpers vollzogen ist. Das aber geschieht über den Einzelmenschen, der daher auch die Aufgabe hat, die unmittelbare Verbindung zwischen dem höchsten Bewußtsein und der Materie herzustellen. Ausdrücke wie «Herabkunft» darf man sich jedoch nicht als eine Bewegung von oben nach unten vorstellen. Es bedeutet vielmehr, daß das Niedere aufhört, etwas Niederes zu sein. «Wir wollen den Übergeist als neue Eigenschaft herabbringen.

Genauso wie heute der Geist ein ständiger Bewußtseinszustand der Menschheit ist, so wollen wir darüber hinaus eine neue Rasse hervorbringen, in welcher der Übergeist ein ständiger Bewußtseinszustand wird.»[27] An anderer Stelle spricht er von Tiergattungen, die an das Ende ihrer Entwicklung gekommen sind: «Der Mensch ist ein Abnormes, das seine eigene Form noch nicht gefunden hat – er mag das Gegenteil glauben, er mag innerhalb seiner eigenen Gattung als etwas Normales gelten, aber dieses Normale ist gewissermaßen nur eine vorläufige Ordnung; deshalb ist der Mensch, obschon unendlich viel größer als die Pflanzen und das Tier, in seiner eigenen Natur nicht so vollkommen wie Pflanze und Tier.»[28]

Zu der Wandlung, die sich vollziehen muß, sagt er: «Wenn eine spirituelle Entfaltung auf Erden die verborgene Wahrheit hinter unserer Geburt in der Materie ist, wenn das, was sich in der Natur abgespielt hat, im tiefsten Grund eine Evolution des Bewußtseins ist, kann der Mensch, wie er jetzt ist, nicht das letzte Wort sein, das diese Evolution zu sprechen hat: als ein Ausdruck des Spirits ist es zu unvollkommen, und der Geist als solcher ist als Form zu eng, als Werkzeug zu beschränkt. Der Geist ist nur eine mittlere Stufe des Bewußtseins, das geistige Wesen kann nur ein Wesen des Übergangs sein. Wenn folglich der Mensch nicht fähig ist, über das geistige Dasein hinauszugelangen, muß er überschritten werden, und der Übergeist und der Übermensch müssen auf der Bildfläche erscheinen und die Führung der Schöpfung übernehmen . . .»[29] Es sei nochmals daran erinnert, daß hier Geist an Stelle des englischen «mind» steht. Und weiterhin: «Wenn wir uns auf eine ganzheitliche Umwandlung unseres Wesens ausrichten, muß die Umwandlung des Körpers ein unerläßlicher Teil davon sein; ohne sie ist auf der Erde kein in vollem Umfang göttliches Leben möglich.»[30]

Die Umwandlung des Körpers ist in dem Maß, wie es hier gemeint ist, bisher niemandem gelungen. Weder Aurobindo noch die «Mutter» haben einen Weg aufzeigen können, wie das erreicht werden kann. Sie sagen selbst, daß es niemand wisse. Erst wenn es einem Menschen gelungen sei, könne man es wissen. Nach Aurobindos eigenen Worten sind dreihundert Jahre dafür nötig. Es sei aber möglich, daß das, was in dieser Richtung innerhalb eines Lebens erreicht sei, im folgenden Leben – die Wiedergeburt vorausgesetzt – durch entsprechendes Verhalten innerhalb einer gewissen Zeit in den neuen Körper integriert würde. So kann jedes neue Leben desselben Menschen ein Kettenglied in dieser Entwicklung werden. Hat es aber einmal ein Mensch erreicht, so weiß er den Weg und kann dieses Wissen auch anderen mitteilen, die dann in einer kürzeren Zeit dasselbe erreichen können.

Der Ashram in Pondicherry hat den Zweck, in gemeinsamer Arbeit auf dieses Ziel hinzuarbeiten. Daher ist er nicht wie die anderen Ashrams als Stätte der Meditation und des Friedens gedacht, sondern als ein «eiserner Hammer», wie Aurobindo selbst gesagt hat. Er ist eine Stätte der Arbeit; denn jede Arbeit oder Beschäftigung kann diesem Zweck dienen. Aurobindo sagt dazu: «Ich will nicht Hunderttausende von Schülern. Es würde genügen, wenn ich hundert vollständige

Menschen bekommen könnte, die frei von kleinlicher Ichsucht zu Werkzeugen Gottes werden wollen.»[31]

Auroville

Manches an dieser Städtegründung wird auf den ersten Blick unzulänglich oder sogar unverständlich erscheinen, wenn man von den Richtlinien, die sonst bei Städtegründungen gelten, ausgeht. Aber man muß das Ziel der Gründung dieser Stadt im Auge behalten, nämlich für das neue Bewußtsein möglichst günstige Bedingungen zu schaffen.

Von Anfang an wurden keine festen Regeln und Gesetze aufgestellt. Die Formulierungen sollten dem allmählich wirksam werdenden supramentalen Bewußtsein überlassen bleiben. Man ging daher auch bewußt jeder Systematisierung aus dem Weg. Nicht mehr die mentale Intelligenz sollte dominieren, sondern das spirituell erfüllte Bewußtsein. Aurobindo selbst hatte die Weisung gegeben: «Es ist eine junge und neue Welt, die jetzt im Entstehen ist, und es ist die Jugend, die sie gestalten muß; unser Ideal ist eine Geburt des Menschen im Geist, unser Leben muß eine spirituelle, inspirierte Bemühung sein, einen Körper der Tat für die große Geburt und Schöpfung zu bilden.»[32] Das war gewiß ein Wagnis. Denn es fehlte eine starre Regierungs- und Organisationsform. Die Kindererziehung sollte von den Gewohnheiten der Vergangenheit abweichen. Das Hauptgewicht sollte darauf gelegt werden, daß sich in den Kindern das neue Bewußtsein ungehindert entfalten konnte. Das sollte vor allem für die ersten Schuljahre gelten. Die Kinder sollten mehr durch Tun lernen als durch Studium.[33] Der Lehrer soll dem Kind helfen, die innere Führung zu finden. Das setzt allerdings voraus, daß der Lehrer das bei sich selbst gelernt hat. Außer den Bereichen der Erziehung, die auch sonst bekannt sind, wird die Entwicklung des mentalen Schweigens, die völlige Stille, betont, die eine immer umfassendere Empfänglichkeit für die Inspirationen ermöglichen soll, die aus solchen Bereichen des Wesens kommen. «In einer großen Anzahl der Kinder ist dieser Einfluß wirksam, der sich oft sehr deutlich in ihren spontanen Handlungen und selbst in ihren Worten fühlbar macht. Unglücklicherweise wissen die Eltern meistens nicht, was das ist, und verstehen nicht, was in ihrem Kinde vor sich geht.»[34] Eine weitere Eigentümlichkeit in der Erziehung ist, daß das Kind sich frei in den Werkstätten des Ashrams bewegen kann, wo dann auch Lehrer bereit stehen, die ihm die Antwort auf seine Fragen geben können. Eine andere, ganz dem Zweck entsprechende Eigenart ist, daß es keine Zeugnisse gibt und kein Standesdünkel entwickelt wird. Nur «Freude an der Zukunft und die Bereitschaft, ununterbrochen zu lernen, wird gefordert.»[35] Die Erziehung soll spontan sein am Traktor, an einer Glühbirne und anderen Gegenständen, wie es gerade kommt. Die Betonung liegt auf der Bereicherung und Erweiterung des Bewußtseins. Die meisten Kinder brauchen kaum beaufsichtigt zu werden. Sie erziehen sich selbst.

Folgende Verhaltensweisen sollen helfen, den Menschen für die Integrierung des Übermentalen, also des eigentlich Geistigen zu disponieren: Die Überzeugung, daß der Verstand nicht imstande ist, das Spirituelle wirklich zu erfassen, der Verzicht auf jedes Streben nach Bequemlichkeit, Genuß und Vergnügen; der Versuch, an allem, was man tut, Freude zu haben, ohne daß das Vergnügen zum Motiv des Handelns wird; nie aufgeregt, gehetzt oder nervös zu werden; das Bemühen, die Ereignisse auf der psychischen Ebene niemals für das zu halten, was sie zu sein scheinen. Nie über das Verhalten eines Menschen zu klagen, wenn man nicht imstande ist, ihn seiner Natur nach zu ändern. Nie das Ziel vergessen. Alles ist gleich wichtig. Vor dem Essen einige Sekunden warten und wünschen, daß die Nahrung helfe zur Verwirklichung der großen Entdeckung. Dasselbe gilt für alles, was man tut. Vor dem Schlafen sich konzentrieren auf das Bestreben, daß der Schlaf die Kraft geben möge, am nächsten Morgen den Weg zur großen Entdeckung wieder aufnehmen zu können. Bevor man spricht, gerade so lange zu warten, bis man die Worte überprüft hat, und nur die wirklich notwendigen sprechen, und in keiner Weise sprechen, wie es dem Weg hinderlich sein kann.

«Vor der unermüdlichen Ausdauer eures Bemühens wird sich plötzlich ein inneres Tor öffnen, und ihr werdet in eine blendende Pracht eintreten, die euch die Gewißheit der Unsterblichkeit bringt, die konkrete Erfahrung, daß ihr schon immer gelebt habt und immer leben werdet, daß allein die Formen vergehen und daß die Formen im Verhältnis zu dem, was ihr wirklich seid, die Umhänge sind, die weggeworfen werden, wenn sie abgenützt sind. Dann werdet ihr aufrecht stehen, befreit von allen Ketten, und statt mit Schwierigkeiten unter der Last der Umstände voranzukommen, die euch durch die Natur auferlegt sind und die ihr auf euch nehmen müßt, wenn ihr nicht unter ihnen erdrückt werden wollt, könnt ihr geradewegs und entschlossen ausschreiten, eurer Bestimmung gewiß, der Meister eures Lebens.»[36]

Allerdings ist diese Befreiung aus allen persönlichen Bindungen noch nicht die höchste Erfüllung. Man muß noch weiter gehen: Das psychische Leben ist das unsterbliche Leben. Im Unterschied dazu bedeutet das spirituelle Bewußtsein, das Unendliche und Ewige zu leben, jenseits von Zeit und Raum. Um ein seelisches Leben zu führen, muß alle Ich-Haftigkeit beseitigt werden. Um das spirituelle Leben zu führen, darf man kein Ego mehr haben. Die supramentale Erziehung soll also nicht so sehr eine Entwicklung der menschlichen Natur und eine Entfaltung seiner latenten Befähigungen bewirken als vielmehr eine Transformation der Natur als solcher, eine Transformation des Seins in seiner Totalität, einen neuen Aufstieg der menschlichen Gattung über den jetzigen Menschen hinaus zum Menschen der Zukunft, um schließlich zu einer göttlichen Menschheit auf der Erde zu führen.[37]

In der ganzen Konzeption Aurobindos wird auch der Körper ernstgenommen und damit auch die Arbeit. Davon kann sich jeder überzeugen, der den Ashram in Pondicherry besucht. Die Vervollkommnung des Körpers hat zwei Voraussetzungen, nämlich das Erwachen des Körperbewußtseins und ein so vollständig als mögliches Erwecken und Erziehen seiner

Fähigkeiten, ebenfalls so total, so vollkommen und vielseitig wie möglich.

«Im Ablauf dieser psychischen Transformation wird die dreifache Welt von Geist, Leben und Körper ständig bewußter und geschmeidiger: die höheren und tieferen Ebenen des Geistes, des Lebens und des Körpers erschließen sich. Die Verbindung mit dem höheren Mentalen, den übermentalen Ebenen, mit den okkulten Wirklichkeiten und dem feinstofflichen Bereich stellt sich her. Eine Universalisierung findet statt, die spirituelle Transformation, in der man eins mit dem All wird und das kosmische Bewußtsein erlangt.»[38]

An anderer Stelle betont Aurobindo die Wichtigkeit «der Reinigung des positiven Gedächtnisses, die wesentlich ist für die Befreiung, Läuterung und vollkommene Wirkweise».[39] Man muß also Passivität gegenüber der ruhelosen Flut der Gedankenempfindungen zuwege bringen, die unabhängig von unserem Willen aus dem Gedächtnis aufsteigen. Wenn man das erreicht, bringt das Gedächtnis automatisch die Gewohnheit zustande, daß man nur die richtigen Eindrücke aufnimmt. Es befähigt den Intellekt, dem passiven Gedächtnis zu diktieren, was für Assoziationen gebildet oder zurückgewiesen werden.

Aurobindo sagt, das erste Ziel des Yoga müsse die Befreiung der Seele des Menschen aus ihrer gegenwärtigen naturhaften Unwissenheit und Begrenztheit sein. Sie soll in das spirituelle Wesen freigelassen und mit dem Höchsten selbst und göttlichen Wesen eins werden. Sein zweites Ziel ist die Teilnahme am kosmischen Sein des göttlichen Wesens. Daraus ergibt sich ein drittes Ziel: Der Mensch soll die Bedeutung der göttlichen Einheit mit allen Wesen dadurch wirksam machen, daß er mitfühlend und aktiv an der spirituellen Absicht teilnimmt, die das göttliche Wesen mit der Menschheit hat. «Deshalb gehört der dreifache Pfad von Wissen, Wirken und Hingabe zum Grundzug unseres Yoga.»[40]

Man braucht sich nicht mit allem zu identifizieren, was in dieser Darstellung theoretisch und praktisch vertreten wird, zumal dann nicht, wenn man die Sache vom religiösen Standpunkt aus betrachtet. Jedenfalls geht es darin um eine Bewußtseinsveränderung, die sich durch die ganze Menschheit anbahnt. Und es ist in erster Linie und unmittelbar gar keine religiöse Frage, wenn diese Bewußtseinsveränderung, die sich durch die ganze Menschheit hindurchzieht, auch auf die Religion und die Religionen einen großen Einfluß haben wird. Sri Aurobindo hatte auch nicht die Absicht, eine neue Religion zu gründen. Gerade weil es um die ganze Menschheit geht, kann man die Religion nicht umgehen. Diese ist ja *in* uns und nicht außerhalb. Der Mensch kann immer nur nach dem Maß seines Bewußtseins sich konkret vorstellen oder gar durch Worte bekunden, was wir Gott oder göttlich nennen. Anderseits kann und darf der Mensch in der Gegenwart sich dieser Bewußtseinsveränderung nicht entziehen. Sollte er es wider Erwarten trotzdem vermögen, so wäre es sein Untergang. Er muß im Gegenteil alles tun, um sich dieser Mutation zu stellen, sie zu integrieren. Die ganze Gründung von Auroville hat keinen anderen Zweck, wenn auch manches, was man dort zu diesem Zweck tut oder zu tun versucht, manchem Außenstehenden widersinnig erscheinen mag. Das Ganze ist ein großangelegter Versuch und als solcher zu bejahen.

Wohl könnte man Zweifel hegen an dem, was über die fernere Zukunft nach der Integrierung des neuen Bewußtseins vorausgesagt wird. Ob z. B. der Mensch schließlich unsterblich wird, und auf welche Weise das möglich ist. Ob all das so kommt, wie Sri Aurobindo gemeint hat, bleibt doch wohl eine offene Frage. Können wir uns überhaupt vorstellen, was dann geschehen wird? Wir haben dazu gegenwärtig eben doch nur unser mentales Bewußtsein zur Verfügung. Hier sind Grenzen, die nur Vermutungen, aber keine bestimmten Angaben zulassen. Was die Sache betrifft, so lehrt auch das Christentum, daß der menschliche Körper in der letzten Vollendung «verklärt» wird und an der Verherrlichung des Geistes teilnimmt. Es spricht in diesem Sinn vom Auferstehungsleib, ebenso wie es mit Christus bei der Auferstehung geschah. Wenn wir hier nicht auf die Frage eingehen, wie die ganze Konzeption Aurobindos zum Christentum steht, so soll das nicht heißen, daß diese Frage gegenstandslos sei. Es scheint im Gegenteil höchst erwünscht, daß sich jede Religion mit dieser Frage der Bewußtseinsveränderung auseinandersetzt.

Als Ergänzung dieser Ausführungen sollen hier noch einige Angaben über die weitere Entwicklung dieses Unternehmens hinzugefügt werden.

Schon bald nach dem Tod der «Mutter» entstanden Spannungen zwischen dem Ashram und Auroville, die schließlich dazu führten, daß ein gerichtliches Verfahren eingeleitet wurde und die indische Regierung einen Administrator ernannte, der die Verwaltung des ganzen

Unternehmens bis zu der gerichtlichen Entscheidung führen sollte.

Diese Maßnahme hat dann zu allerlei Mißverständnissen geführt, nämlich die Regierung habe das ganze Gelände von Auroville samt den Gebäuden konfisziert; von den früheren Bewohnern sei niemand mehr dort; die Gebäude stünden leer; das ganze Unternehmen sei gescheitert. Es sei gestattet, an diesen Darstellungen auf Grund eines Besuches in Auroville und im Ashram, der im Januar 1981 stattfand, einige Korrekturen vorzunehmen.

Zunächst muß man wissen, daß die bisherigen Bewohner von Auroville, die sich dort um die Verwirklichung der Vision Aurobindos bzw. der «Mutter» bemühten, zum größten Teil von anderen Teilen der Welt, besonders von Europa, eingewandert sind. Ihre Zahl beträgt gegenwärtig etwa 300, und zwar meist junge Menschen. Hinzu kommen ungefähr 100 Inder. Sie sind auch jetzt noch dort und beabsichtigen, weiterhin dort zu bleiben und im selben Sinn weiterzuforschen und zu arbeiten. Die Inder unter ihnen, die sich in dem Streit mit dem Ashram auf dessen Seite gestellt hatten, scheinen gegenwärtig eine abwartende Stellung einzunehmen.

Der Eingriff der Regierung geschah offensichtlich, um der Sache einen Dienst zu erweisen. Schon früher hatte sich die Regierung in Auroville engagiert und mehrere Gebäude für gemeinsamen Gebrauch errichtet, darunter ein großes Auditorium, das im Rohbau bereits fertig ist. Die Mitglieder von Auroville betrachten das Vorgehen der Regierung nicht als Bevormundung, sondern als Hilfe und Förderung ihrer Bemühungen. Kurz, Auroville ist durchaus wach und lebendig. Seine Bewohner sind aufrichtig und vom besten Willen beseelt. Daß das Unternehmen gescheitert sei, davon kann wenigstens gegenwärtig keine Rede sein.

Auch die maßgebenden Persönlichkeiten im Ashram betrachten Auroville nicht als eine verlorene Sache, wenn sie sich vielleicht auch mehr Sorgen machen um den Fortbestand dieser Gründung als die jungen Leute dort. Auch gibt es im Ashram Menschen, die im Sinn von Aurobindo auf das neue Bewußtsein hin weit fortgeschritten sind, sozusagen die Grenze überschritten haben. Sie wissen auch, daß das Anliegen Aurobindos nicht mit Auroville allein steht und fällt. Es geht ja um eine Bewußtseinsveränderung, welche die ganze Menschheit betrifft. Es wäre zu wünschen, daß die gegenwärtigen Bewohner von Auroville, die ja nun ganz auf eigenen Füßen stehen, mit den oben genannten Menschen im Ashram in engem Kontakt blieben, zumal sie selbst offenbar noch nicht so weit – auf dem «Weg» – fortgeschritten sind wie jene.

Anderseits soll auch nicht verschwiegen werden, daß die gegenwärtige Besetzung von Auroville noch große Schwächen hat, deren sie sich auch wohl bewußt ist. Es sei nur auf zwei Punkte hingewiesen. Zunächst bilden die Bewohner keine geschlossene Gemeinschaft mehr, sondern sind in kleine Gemeinschaften aufgeteilt, die anscheinend kaum oder keine Beziehungen zueinander haben. Sie sind nämlich durch die je verschiedene Sprache entstanden. Außerdem liegen sie geographisch weit auseinander auf dem sehr weiten Gelände dieser Stadt der Zukunft, und es gibt dort keine öffentlichen Verkehrsmittel. Dieser Umstand schwächt die Stoßkraft dieses großangelegten Unternehmens. Das war ganz anders, als die «Mutter» noch lebte, die in ihrer Person alles zusammenhielt.

Ferner besteht eine gewisse Gefahr, daß Auroville nachdem nun seine Existenz einigermaßen gesichert ist, seine Identität verliert. Jedermann weiß nämlich von dem ständig fließenden Strom junger suchender Menschen, die vom Westen nach Indien und anderen ostasiatischen Ländern ziehen. Diese Menschen sind zum weitaus größten Teil aufrichtig Suchende. Darüber besteht kein Zweifel, ganz gleich, in welcher äußeren Gestalt sie auftreten. Sie wissen, daß es Ashrams gibt, in denen sie billig leben und vielleicht auch finden können, was sie suchen, oder wo doch die Möglichkeit besteht, auf diese Weise ein Stück weiter zu kommen. Auch Auroville ist wenigstens in Europa, besonders in Frankreich und Deutschland, gut bekannt und hat als «Stadt der Zukunft» noch eine besondere Attraktion. Die Tatsache, daß die Einzelgemeinschaften nach Sprachen verschieden sind, bietet zudem für viele die Möglichkeit, in eine Gemeinschaft zu kommen, in der ihre Muttersprache verstanden und gesprochen wird. Man hört schon jetzt, daß viele der jungen Leute, die in Auroville sind bzw. dorthin kommen, nicht jenes hohe Ziel im Auge haben, für das Auroville gegründet wurde. Sie wissen auch nicht, was von ihnen verlangt wird, wenn sie an der Verwirklichung dieses Zieles mitarbeiten wollen. Ursprünglich waren die Bedingungen für die Aufnahme in Auroville sehr streng, bisweilen geradezu hart. Wie immer es gegenwärtig damit steht, ist die Aufnahme durch die Aufsplitterung in kleine Gemeinschaften schwer zu kontrollieren.

Man darf hoffen, daß die genannten Schwierigkeiten mit der Zeit überwunden werden und Auroville seine Berufung zum Besten der Menschheit erfüllt.

Teilhard de Chardin vereinigte in sich Eigenschaften oder Veranlagungen, die man selten in einer Person zusammen findet. Er ging das Thema der Evolution nicht nur von der Naturwissenschaft her an, sondern auch von der Philosophie und Theologie und überdies von eigener religiöser Erfahrung.

Als Wissenschaftler war er davon überzeugt, daß es keine Möglichkeit gibt, dem Problem der Diskontinuität zu entgehen. Er sagte, daß man in dieser psychischen Diskontinuität das Entscheidende der Menschwerdung erblicken müsse und folgerte daraus, daß «eine so grundlegende Mutation wie das Denken, die der ganzen menschlichen Gruppe ihren spezifischen Charakter gibt . . ., oberhalb des Ursprungspunktes und Entfaltungsbeginns der Menschheit stehen muß».[41] Es handelt sich also auch für ihn um eine Mutation. Mit dieser Auffassung wird die Vorstellung einer Akategorialität verbunden, die als Anzeichen für das neue Bewußtsein gilt. «Kategoriale Systeme reichen zu einer Weltbewältigung nur innerhalb der dreidimensionalen Weltvorstellung und Begriffswelt aus.»[42] Diese Auffassung von der Bewußtseinsveränderung im Sinn einer beständig fortschreitenden Intensivierung des Bewußtseins zieht sich durch Teilhards ganzes Denken hindurch.

Die Forderung einer Überwindung des Dualismus von Materie und Geist ist im Werk Teilhards deutlich zum Ausdruck gekommen. Diese neue Erkenntnis bekam er schon lange vor seiner wissenschaftlichen Laufbahn. Wie er uns selbst erzählt, begann das Gespür dafür schon in früher Jugend. Ein Stück Eisen konnte ihn faszinieren in einer Weise, wie das normalerweise bei Kindern nicht der Fall ist. Späterhin erkannte er gerade darin seine besondere Berufung, wie aus folgenden Worten hervorgeht: «Mögen andere, entsprechend ihrer höheren Aufgabe, den Glanz Deines reinen Geistes verkünden! Ich aber, der ich unter einer Berufung stehe, die in den tiefsten Fasern der Natur wurzelt, ich will nichts noch kann ich anders aussagen als die unzähligen Verlängerungen Deines inkarnierten Seins durch die Materie hindurch, ich werde niemals etwas anderes predigen können als das Geheimnis Deines Fleisches, o Seele, die in allem durchscheint, was uns umgibt.»[43]

Bei ihm ist das Ganze, das Göttliche, immer durchscheinend, ganz dem neuen Bewußtsein entsprechend. Über den Ursprung der Welt sagt er: «Ohne Erschütterung und ohne Donner hat die Flamme alles von innen her erleuchtet. Vom Herzen des geringsten Atoms bis zur Energie der universellsten Gesetze hat sie individuell und in ihrer Gesamtheit jedes Element, jede Triebkraft, jede Bindung unseres Kosmos so natürlich durchdrungen, daß man von ihm glauben könnte, er habe sich spontan entflammt.»[44]

Dann aber fährt er fort: «In der neuen Menschheit, die heute gezeigt wird, hat das Wort den endlosen Akt seiner Geburt verlängert: und kraft seines Hineintauchens in den Schoß der Welt haben sich die großen Wasser der Materie ohne ein Erzittern mit Leben geladen. Anscheinend hat nichts gezittert unter der unsagbaren Transformation. Und doch ist geheimnisvoll und wirklich in der Berührung mit dem substantiellen Wert das Universum, die unermeßliche Hostie (Anspielung auf die ‹Messe über die Welt›, Anmerkung des Verfassers) Fleisch geworden. Alle Materie ist von nun an inkarniert, mein Gott, durch Deine Inkarnation.»[45] So kann man in Wahrheit sagen, daß das Universum der «kosmische Christus» ist. In diesem Sinn spricht Teilhard Jesus an als den, in dem «alle Dinge Bestand haben»(Kol 1,17).

Es ist bezeichnend, daß nach Teilhards eigenen Worten ihm diese Erkenntnisse nicht durch philosophisch-theologische Spekulation zuteil wurden, sondern ihm durch verschiedene Umstände und Menschen seiner Umgebung schon früh geschenkt wurden. Sie gehen über das rationale Denken hinaus. So kam er dahin, «nichts mehr sehen und atmen zu können außerhalb des Milieus, in dem alles nur eins ist».[46]

Für Teilhard durchdringen sich Materie und Geist: Er könne nicht sagen, «welche dieser beiden Seligkeiten strahlender ist, das Wort gefunden zu haben, um die Materie zu beherrschen, oder die Materie zu besitzen, um das Licht Gottes zu erreichen und zu erfahren».[47] Sein Wunsch war, daß die Herabkunft Gottes in die universelle Spezies «nicht nur als die Frucht einer philosophischen Spekulation geliebt und gehegt werde, daß sie vielmehr wahrhaft eine wirkliche Gegenwart werde».[48]

Er war sich bewußt, daß er sich auf ein Wagnis einließ. «Auch ich habe Angst, wie alle meine Brüder, vor der zu geheimnisvollen und zu neuen Zukunft, in die mich die Dauer jagt.»[49] Trotzdem: «Wer leidenschaftlich Jesus verborgen in den Kräften liebt, die die

Erde wachsen lassen, den wird die Erde mütterlich in ihren Riesenarmen emporheben, und sie wird ihn das Angesicht Gottes schauen lassen.»[50] Es ist das Loslassen der Alleingültigkeit des rationalen Denkens, das heute noch viele zurückschrecken läßt, da ihnen der Boden unter den Füßen weggezogen zu werden scheint. Aber es gibt Millionen andere, die nicht in diesem Maß behindert sind, in denen sich das neue Bewußtsein, wenn auch langsam und lautlos, stetig wachsend durchsetzt. Teilhard war sich klar bewußt, daß ihm der Boden unter den Füßen weggezogen würde. Er sagte, daß er eine Lust und Affinität gewinne, die ihm «von nun an die Freuden unmöglich machen würden, an denen sich bisher mein Leben erwärmte»; und doch: «Herr Jesus, ich bin bereit, von Dir besessen zu werden und von der unaussprechlichen Macht Deines Leibes, an den ich gebunden sein werde, in die Einsamkeit geführt zu werden, in die aufzusteigen ich allein niemals gewagt hätte.»[51] Pierre Teilhard de Chardin hat diese Einsamkeiten bis in seinen Tod ertragen.

Das Folgende erinnert etwas an Voraussagungen, Prophezeiungen, Ahnungen und Befürchtungen eines Weltunterganges, von denen schon eingangs die Rede war: «Die Welt, Herr, kann letztlich Dich nur erreichen durch eine Art Umschlagen, Umkehr, Exzentration, in der für eine gewisse Zeit nicht nur das Gelingen der Individuen, sondern sogar das Äußerliche allen menschlichen Gewinns unterzugehen scheint.»[52] Ohne Zweifel ist in diesen Worten die Überzeugung einer Bewußtseinsveränderung in der Menschheit ausgesprochen. Anderseits sind heute seit der Verfassung der «Messe über die Welt» in der Ordoswüste 1923 bereits 60 Jahre vergangen. Wir haben den Zweiten Weltkrieg erlitten und vieles andere, das uns ängstigen könnte. Trotzdem dürfen wir noch hoffen, daß das «Umschlagen», die «Umkehr» und die «Exzentration» sich nicht in Weltkatastrophen vollzieht, sondern der geistige Himmel sich allmählich aufheitert bis zum vollen Sonnenschein, wenn es auch noch einiger Generationen bedarf.

Im Anschluß an die Darstellung des neuen Bewußtseins, wie es Teilhard sieht, scheint es angebracht, einige Stellen aus seinem Werk «Das göttliche Milieu» anzuführen, in denen die christliche Interpretation des Verfassers noch deutlicher wird. «Alles ist mir Alles, und Alles ist mir Nichts: Alles ist mir Gott, und Alles ist mir Staub: Das kann der Mensch mit gleicher Wahrheit je nach dem Einfallswinkel des göttlichen Strahles sagen.»[53] Dieses Zitat spricht für sich selbst.

Weiterhin sagt er, daß der Mensch reif sei für die «Parusie», d. h. die Wiederkunft Christi am «Ende der Welt», wie immer man das nun verstehen mag, wenn alle vergöttlichte Substanz in die Seele eingegangen und alle erwählte Kraft hineingeholt sei. Sri Aurobindo sagte, daß der Mensch unsterblich sein würde, wenn er sich sämtlicher Zellen seines Körpers bewußt geworden sei. Wenn man von Begriffen und Wortsinn absieht, scheinen sich beide Autoren irgendwo zu treffen. Jedenfalls geht es hier bei beiden wohl um die Unsterblichkeit des Körpers. Daß der Geist unsterblich ist, versteht sich von selbst.

Bezeichnend für die ganze Sicht von Teilhard ist auch das Folgende: «Wenn es erlaubt ist, ein heiliges Wort leicht abzuwandeln, würden wir sagen, das große

Geheimnis des Christentums sei gerade nicht das Erscheinen, sondern die Transparenz Gottes im Universum. O ja, Herr, nicht nur der Strahl, der streift, sondern der Strahl, der durchdringt. Nicht Deine Epiphanie, Jesus, sondern *Deine Diaphanie.*»[54] Die Wahrnehmung der göttlichen Gegenwart, von der im «Göttlichen Milieu» die Rede ist, läßt sich nach Teilhard nicht durch irgendeine Beweisführung oder einen Kunstgriff erhalten. Das stimmt überein mit dem, was über die volle Integration des neuen Bewußtseins gesagt wurde, wo man sich des Ganzen, das mit dem Geistigen identisch ist, bewußt wird. Der Versuch, es sich durch irgendwelche Technik anzueignen, könnte mit dem Sturz in den Abgrund enden.

Wiederum sagt Teilhard: «Herr, wir wissen und wir ahnen, daß Du überall um uns herum bist. Doch es scheint, ein kleiner Schleier liege über unseren Augen . . .»[55] Anschließend sagt er, die individuellen Fortschritte des göttlichen Milieus seien: die wirksame Reinheit, der wirksame Glaube und die wirksame Treue. Mit Reinheit ist hier nicht nur Sündenlosigkeit und Keuschheit gemeint, sondern mehr noch: Geradheit, Aufrichtigkeit, Selbstlosigkeit und Reinheit in der Absicht. Sie stellt die Sorge um den in allem zu vollendenden Christus über einen unmittelbaren oder angeblichen Vorteil. Diese Reinheit wird erhalten durch die Sammlung, geistiges Gebet, Reinheit des Gewissens, Reinheit der Absicht, die Sakramente. Er betont weiterhin, daß die reinen Seelen alle schon durch ihr Dasein wirken, zu vergleichen mit verschneiten Gipfeln, deren reglose Zinnen für uns immerfort die umherirrenden

Kräfte der oberen Atmosphäre anziehen. Mit Glaube ist hier nicht nur der Glaube an Dogmen gemeint, sondern der «evangelische Glaube», von dem Christus mehr noch als von der Liebe spreche. Gemeint ist Glaube als eine Macht, die wirkt. Ohne Glaube schaden uns die Naturkräfte. Mit Glaube helfen sie uns. Dieser Glaube vermehrt das Brot, öffnet die Augen, Tote stehen auf. Das heißt jedoch nicht, daß die Kräfte des Glaubens anstelle der normalen Ursachen treten sollten. Manchmal gibt es Wunder, gewöhnlich aber Integrierung indifferenter und ungünstiger Ereignisse in einem höheren Plan der Vorsehung. Unsere Mißerfolge, unser Scheitern und unser Tod werden zu Verlängerungen des Leibes Christi. Die Dinge geschehen wie von selbst.

Die Treue ist die Annahme, die «Kommunion» des göttlichen Milieus, das uns durch Reinheit und Glaube näherkommt. Aber es ist nicht etwas, das fix und fertig ist und angenommen wird. Vielmehr ist Gott für uns die ewige Entdeckung und das ewige Wachsen. Auf diese Weise ist der bevorzugte Punkt der einzige Punkt, wo für jeden Menschen in jedem Augenblick das göttliche Milieu entstehen kann, eben kein fester Punkt des Universums. Teilhard de Chardin hat gegen Ende seines Lebens (1948) in «Mein Weltbild»[56] noch einmal versucht, seine oft angegriffenen Ansichten verständlich zu machen. Darin schreibt er: «Wenn man versucht, wissenschaftlich zu ergründen, wie das Ende der Menschheit auf Erden aussehen könnte, ist es mir lieber, man spräche weniger von Katastrophen (eine faule und billige Hypothese) oder von Siechtum (nichts sagt uns – vgl. unten –, daß die Noo-Sphäre nicht dem Prozeß des

Altwerdens entrinnen könnte) oder von Emigration mit Hilfe der Astronautik (eine astronomisch wenig wahrscheinliche Ausflucht). Und ich möchte im Gegenteil, daß man sich, indem man zugleich genauer und tiefer hinsieht, endlich über die grundlegende Tatsache klar wird, um die letzten Konsequenzen daraus zu ziehen, daß nämlich die ‹Noo-Genese› (auf die sich die Anthropo-Genese grundsätzlich zurückführen läßt) ein konvergentes Phänomen ist, das heißt, ein Phänomen, das seiner Natur nach auf ein Ende und eine Erfüllung inneren Ursprungs hin ausgerichtet ist.»[57]

Er sucht die Tatsache dieser Konvergenz auf den drei Gebieten der Physik, Methaphysik (Philosophie) und Mystik aufzuzeigen. Dieser Grundgedanke wird bekanntlich von Teilhard in allen seinen Werken immer wieder ausgesprochen. Nach ihm bewegt sich die ganze Evolution von Anfang an auf einen bestimmten Punkt hin, den er «Omega» nennt. Er versteht darunter «einen letzten und selbstsubsistenten Pol des Bewußtseins, der genügend in diese Welt hineingemischt ist, um in sich durch Vereinigung die kosmischen Elemente sammeln zu können, die bis zum äußersten ihrer Konzentration durch technische Anordnung gelangt sind – und der doch auf Grund seiner supraevolutiven (das heißt transzendenten) Natur in der Lage ist, dem fatalen Rücktritt zu entrinnen, der (von der Struktur her) jegliche Konstruktion aus Raum- und Zeit-Stoff bedroht.»[58] Der Punkt Omega ist für ihn der «universelle Christus», der Christus der Parusie, der nach christlichem Glauben am Ende der Zeiten wiederkommt. Nach Teilhards Darstellung wird dieser universelle Christus schon im Bereich der Physik und Metaphysik irgendwie sichtbar. Man ist vielleicht versucht zu sagen, daß diese Sicht nur für einen Christen Gültigkeit haben kann. Damit wird man Teilhard jedoch nicht gerecht. Sein Gedankengang läuft umgekehrt. Er geht nämlich nicht von der Theologie aus, sondern von den Erkenntnissen, die er durch seine jahrelangen Forschungen gewonnen hatte. Dabei ist er jeweils in der Physik und Metaphysik auf eine Situation, eine Stufe der Evolution, gestoßen, auf der eben das, was mit dem universalen Christus gemeint ist, spontan wie eine Erfüllung aufleuchtet.

Im einzelnen auf die Zusammenhänge in der Physik und Metaphysik einzugehen, ist natürlich hier nicht möglich. Wohl aber scheint bezüglich des dritten Bereiches, der Mystik, zu dem, was Teilhard über den Unterschied zwischen der «Straße des Ostens» und der des Westens sagt, sich eine Berichtigung anzubieten. Er behauptet nämlich, daß für die Weiterführung der Konvergenz in diesem Bereich nur die westliche, gemeint ist die christliche Mystik, in Frage kommt. Die östliche sei nicht dafür geeignet, weil bei ihr «die mystische Einheit durch unmittelbare Unterdrückung des Vielen sichtbar und erreicht» werde.[59] Er nennt das: «Pantheismus der Identifizierung», «Geist der Entspannung», «Einswerdung durch Koextension mit der Sphäre mittels Auflösung».[60] «Gemäß dem zweiten Weg (Straße des Westens) dagegen ist es unmöglich, eins mit dem Ganzen zu werden, ohne die zerstreuten Elemente, die uns bilden und umgeben, gleich in Richtung der Differenzierung und der Konvergenz bis ans Ende ihrer selbst voranzutreiben. Von diesem zweiten Standpunkt aus ist der ‹gemeinsame Grund› des östlichen Weges nur eine Illusion».[61] Er nennt das «Pantheismus der Vereinigung (und folglich der Liebe), Geist der ‹Anspannung›, Einswerdung durch Konzentration und Hyperzentration im Zentrum der Sphäre».[62] Wohlbemerkt geht es Teilhard auch an dieser Stelle nicht um eine theologische Wertung von Buddhismus oder sonst einer nicht-christlichen Religion.

Es ist eine weit verbreitete Meinung, daß die östlichen Meditationsweisen wie Yoga, Zen und andere die sichtbare Welt, das «Viele», wenn überhaupt noch als Wirklichkeit, so doch als ein Hindernis für die Erfahrung der letzten Wirklichkeit betrachten und es daher zu verdrängen suchen. Wenn das für einige Richtungen zutreffen sollte, so gewiß nicht für alle. Bei der in dieser Schrift als Beispiel angeführten Zen-Meditation gilt das sicher nicht. Die Zen-Meister betonen ausdrücklich, daß im Zen nichts verdrängt wird. Nach ihnen ist die phänomenale Welt genauso wirklich wie die absolute. Beide sind nur verschiedene Aspekte der selben Sache. Ob Teilhard de Chardin das Zen näher gekannt hat, ist fraglich. Er scheint in Japan keine besonderen Forschungen gemacht zu haben und war ganz auf China konzentriert. Auch in Europa war damals das Zen noch wenig bekannt, geschweige denn praktiziert wie heute.

Als Abschluß dieses Kapitels möge die kurze Zusammenfassung dienen, die Teilhard selbst am Schluß des genannten Buches «Mein Weltbild» gibt: «Eine Phänomenologie der Einrollung, die in den Begriff Superreflexion einmündet. Eine Metaphysik der Vereinigung, die in der Gestalt des Christus universalis kulminiert. Eine

Mystik der Zentration, die sich in der totalen und totalisierenden Haltung einer Liebe zur Evolution resümiert. Eine Supermenschheit, gekrönt von einem Superchristus, dem Prinzip selbst einer Supercaritas. – So zeigt sich gemäß drei kohärenten und komplimentären Seiten unserem Denken, unserem Herzen und unserem Tun die organische Einzigkeit eines konvergenten Universums.»

Die Veränderungen im Denken, die auf vielen Gebieten zu beobachten sind, zeigen, daß das neue Bewußtsein sich auszuwirken begonnen hat. Das rationale Denken ist nicht mehr alleingültig. Die seit mehr als zwei Jahrtausenden unüberwindlichen Schranken sind durchbrochen. Die vierte Dimension wirkt sich schon aus, wenn sie auch noch nicht im Allgemeinbewußtsein des Menschen lebendig ist. Es gibt viele Gebiete, auf denen die Philosophie des Entweder – Oder, des «Non datur tertium», d. h. das unüberwindlich scheinende Prinzip des Widerspruchs (principium contradictionis) überwunden ist. Wenn das auch nur auf einem Gebiet geschehen wäre, so würde das schon genügen. Denn es gehört zum Wesen dieses Prinzips, daß es keine Ausnahme duldet. Die gesamte ehemalige Philosophie gerät damit ins Wanken.

Das perspektivische Denken ist also grundsätzlich überwunden. Und zwar ist das geschehen durch eine neue Dimension des menschlichen Bewußtseins, die rational nicht faßbar ist. Das muß ja so sein; denn wenn diese Dimension rational erfaßbar wäre, so wären wir nicht über das rationale Denken hinausgekommen. Allerdings erweisen diese Anzeichen nur die Möglichkeit, nicht aber die volle Integration dieser neuen Dimension in das allgemeine Bewußtsein der Menschheit, so wie es zu ihrer Zeit jeweils mit den vorhergehenden Bewußtseinsstrukturen der Fall war.

Damit ist aber die Möglichkeit erwiesen, den Menschen aus der Bedrängnis der Zeit zu befreien und anstatt dessen zeit-frei zu machen, was ja im wesentlichen dasselbe ist wie die neue Dimension. Daß diese neue Dimension Wirklichkeit wird, ist die dem heutigen Menschen gestellte Aufgabe. Mit dem Bewußtwerden der vierten Dimension werden die bisherigen Dimensionen, die magische, mythische und mentale jedoch nicht ausgeschaltet. Vielmehr bleiben sie gültig und wirksam, aber nicht maßlos in ihrer defizienten Form, sondern in dem Maß, wie es ihnen für die Harmonie des Menschen zukommt. Daher wird das neue Bewußtsein auch integrales genannt. Durch die vierte Dimension wird das Ganze stets mitbewußt. Dieses Ganze ist das Geistige. Man könnte es auch das Göttliche nennen, das göttliche Milieu Teilhards.

Das Ganze war schon von Anfang an da, aber es wurde dem Menschen erst allmählich bewußt. Auf der magischen Stufe war es bewußtseinsdumpf, auf der mythischen bewußtseinszwielichtig, auf der mentalen näherte es sich denkerisch an. Erst in der neuen Bewußtseinsstruktur wird es wahrnehmbar, weil sie arational ist. «Der große schmerzhafte Weg der Bewußtwerdung, d. h. der Entfaltung oder Intensivierung des Bewußtseins stellt sich als ein Immer-mehr-Aufleuchten des Geistigen im Menschen dar.»[63]

Zu der Frage, die hier als dringend bezeichnet wird, kann und wird man in verschiedener Weise Stellung nehmen. Man kann all das als Phantasie, übertriebene Angst oder sonst etwas einfach beiseite schieben und sagen: Wir haben wichtigere Dinge zu tun, als uns mit solchen Theorien zu befassen. Doch wird es wohl nur wenige Menschen geben, die, wenn sie sich überhaupt mit der Menschheitsfrage beschäftigen, diese einfach bagatellisieren. Dafür ist die Lage zu ernst. Wohl aber ist es wahrscheinlich, daß nicht nur wenige, sondern viele Menschen das Gefühl haben, den Boden unter den Füßen zu verlieren, wenn sie daran denken, daß die 2500 Jahre alte Denkweise einmal aufhören könnte. Demgegenüber ist es für die Wissenschaftler leichter, in ihrem Bereich mit der vierten Dimension zu arbeiten. Denn die Frage berührt sie nicht persönlich. Nicht so ist es auf anderen Gebieten, z. B. in der Religion oder Weltanschauung. Was wird aus der christlichen Theologie, die so eng mit der scholastischen Philosophie zusammenhängt? Gewiß sind diese Zusammenhänge heute schon weitgehend gelockerter als vor einigen Jahrzehnten. Trotzdem ist die christliche Theologie, sei es die katholische oder die evangelische, noch weit davon entfernt, das Gesetz des Widerspruchs praktisch aufzugeben. Denn das bedeutet, daß es nicht mehr nur eine Wahrheit gibt. Wie kann man das akzeptieren? Die Voraussetzung, daß es nur eine Wahrheit gibt, ist nicht mehr richtig im Ansatz. Wie kann man noch von Lehrsätzen reden, wo das dualistische Denken weitgehend aufhört? Dieses Gefühl der Unsicherheit ist durchaus verständlich, um so mehr, als zugegebenermaßen niemand voraussagen kann, wie die Theologie nach Integrierung der vierten Dimension in das Bewußtsein aussehen wird.

Wir können uns nicht nur hier, sondern auch auf dem Gebiet aller anderen Geisteswissenschaften ebensowenig vorstellen, was dann kommen wird, ebensowenig wie sich ein Mensch des magischen Bewußtseins das Ich vorstellen konnte, das er noch nicht entdeckt hatte. Anderseits wissen wir aus der Vergangenheit, daß das Bewußtsein immer intensiver geworden ist. Es ist daher auch anzunehmen, daß dieser Prozeß weitergeht. Teilhard de Chardin hat schon klar gesehen, daß die Evolution zu einem immer vollkommeneren Menschen als solchen hindrängt, was hier zunächst nicht im moralischen, sondern anthropologischen Sinn zu verstehen ist. Es geht niemals rückwärts. Wir werden auch gar nicht gefragt, ob wir das wollen. Es geschieht einfach. Auch die Religionen müssen das respektieren. Sie müssen sich darauf ein- bzw. umstellen. Es geht heute nicht mehr um neue Lehren, sondern um neue Ausdrucksweisen derselben Wirklichkeit, entsprechend dem veränderten Bewußtsein. Wenn eine Religion das nicht vermag, kann sie nicht überleben, wenn sie auch mit wenigen Anhängern vielleicht noch eine Zeitlang weiter vegetiert. In diesem Sinn sagte der Präsident des Club of Rome kürzlich bei der Versammlung dieser Organisation in Berlin im Oktober 1979: «Sämtliche Religionen, Konzepte, Prinzipien, Gesichtspunkte, Vermutungen, Tabus und Wertsysteme, die unser Leben bestimmen, sind veraltet und unzuverlässig geworden. Aber die Menschheit muß erst einmal begreifen, wie groß die Gefahr ist, um zur Vernunft zu kommen.» Wenn hier von Gefahr gesprochen wird, so beinhaltet das alle eingangs erwähnten Probleme. Aber die Gefahr ist gleichzeitig die große Hoffnung der Menschheit, aus der gegenwärtigen Bedrängnis befreit zu werden.

Wie immer die kommende Welt aussehen mag, wenn

sie verwirklicht ist, so wird es eine Welt sein, in der, um nur ein Beispiel zu nennen, Krieg als Lösung politischer Konflikte ausscheidet. Schon heute wissen wir, daß die modernen Kriege solcher Art sind und immer mehr sein werden, daß eigentlich kein Gewinner daraus hervorgeht, sondern alle Beteiligten schwer geschädigt werden. Gegenwärtig scheitert noch alles Bemühen, die Kriege zu vermeiden, am einseitigen Dualismus, der im rationalen Denken begründet ist. Wenn einmal das Ganze gleichzeitig im Bewußtsein präsent ist, findet man einen Ausweg. Vielleicht und oft auch sicher werden beide Teile große Opfer bringen müssen. Aber das kann auch ohne Mord und Totschlag geschehen.

Gewiß wird auch die kommende Welt nicht frei sein von Problemen. Die eingangs erwähnten Fragen sind nicht ohne weiteres gelöst. Aber die Menschheit wird sich einig sein, auch wenn es der Ordnung wegen noch Zollgrenzen gibt, bis auch diese verschwinden. Es kommt hinzu, daß der vollkommenere Mensch größere Möglichkeiten haben wird. Denken wir an den Wechsel vom mythischen zum mentalen Bewußtsein! Der Mensch des mythischen Bewußtseins hatte auch in seinen kühnsten Träumen keine Ahnung von dem, was sein Nachfolger inzwischen allein auf dem Gebiet der Technik geleistet hat. So kann es nicht anders sein, als daß der neue Mensch Wege findet, von denen wir gegenwärtig nichts ahnen noch wissen. – So gesehen, muß der Mensch den Schritt zum neuen Bewußtsein tun, oder er ist dem Untergang geweiht. In eigentümlicher Weise halten sich die Furcht vor der großen Gefahr und die Hoffnung auf die neue Zeit die Waage. Das ist in der Tat die heutige Situation.

Wo man von dem spricht, was auf uns zukommt, liegt fast immer der Ton auf der Furcht vor dem, was kommt. Vielleicht haben wir gar nicht mehr so viel Optimismus, daß wir ernstlich an den positiven Pol denken können. Teilhard de Chardin ist da eine Ausnahme. Aber bei ihm liegt der Punkt Omega in so weiter Ferne, daß der Mensch von heute sich kaum durch den Gedanken daran ermutigen läßt. Vielleicht fehlt ihm auch die Fähigkeit zu «glauben». Teilhards Sicht liegt ja auch ganz in der Richtung des christlichen Optimismus, der sich eben gerade auf den Glauben stützt und nicht nur auf die Wissenschaft, die bei Teilhard noch hinzukommt.

Aber wir sollten auch im Auge behalten, was kommt, wenn einmal die gegenwärtige Krise überwunden ist. Das könnte ein besseres Motiv zum Handeln sein als die Angst vor dem, was kommt. Das Geistige oder das Ganze ist uns dann beständig bewußt. Mit dem neuen Bewußtsein würde der Mensch in dem Sinn Mystiker werden, daß mit dem Gebrauch der Vernunft die mystische Präsenz erwacht. In anderen Religionen würde man das in anderer Form ausdrücken, etwa daß sich ohne eigenes Bemühen das Auge der Erleuchtung öffnet. Der neue Mensch wird auf einer höheren Stufe stehen als der Mensch der mentalen Struktur, ebenso wie dieser im Vergleich zum mythischen Menschen. Wie hoch das einzuschätzen ist, erhellt daraus, daß man ohne Übertreibung sagen kann, dieser Schritt habe in der Entwicklung des Menschen außer dem Übergang vom Tier die größte Bedeutung, also auch größere als der Schritt vom mythischen zum mentalen Bewußtsein. Was auch immer wir noch zu leiden haben werden, bis dieser nächste Schritt vollzogen wird, ist der Mühe wert. Vieles, was bisher im Dunkel des Glaubens lag, wird transparent. Die Widersprüche lösen sich von selbst auf.

Es hat auch bisher schon immer Menschen gegeben, die durch viel Leid und außergewöhnliche Begnadigung in etwa das erreicht haben, was dann allgemein zugänglich sein wird. Es wird eine neue und glücklichere Menschheit sein. Und doch verbleibt diesem Menschen auch all das, was ihm seit seinem Erscheinen in der Welt geschenkt wurde, und das im rechten Maß und in Harmonie mit dem Ganzen. Für uns könnte in einem neuen Sinn gelten, was Paulus den Römern zurief: «Wandelt euch durch ein neues Denken» (Röm 12,2).

«Die tiefe Wahrheit des Christentums von der Transparenz, der Diaphanität der Welt, könnte wahrnehmbar werden. Der lautere Einbruch des Jenseits ins Diesseitige, die Präsenz des Jenseits im Diesseitigen, des Todes im Leben, des Transzendenten im Immanenten, des Göttlichen im Menschen könnte transparent werden.»[64]

Wenn man anderseits sieht, was heute in der Welt geschieht, was uns täglich Zeitungen, Radio und Fernsehen berichten, so wenig Erfreuliches und Hoffnungsvolles, so könnte mancher sagen oder denken: Wie kann man ein so optimistisches Zukunftsbild entwerfen! Aber wir sollten doch nicht vergessen, daß wohl alle ernsten Religionen uns von einzelnen ihrer Anhänger berichten, die in einer Welt lebten, die vielleicht noch hoffnungsloser aussah als die gegenwärtige, und die schon in diesem Leben ein solches Glück in ihrem Geist erlebten, daß der

Körper es kaum ertragen konnte. Dennoch waren auch sie sterbliche Menschen wie wir. Beweist das nicht die Möglichkeit, daß auf einer neuen Bewußtseinsstufe der Mensch schlechthin dazu fähig werden könnte? Bedenken wir auch, daß in dem sogenannten Weltjahr die ganze Geschichte des Menschen, des «homo sapiens», nur die letzten 30 Sekunden dieses Weltjahres ausfüllt.

Die Menschheit steht erst an ihrem Anfang. Das Geistige im Menschen ist im Vergleich zu dem, was er von seinen noch nicht vernunftbegabten Vorfahren mitbrachte, dem Triebleben, noch gar schwach. Der Mensch ist noch längst nicht in dem Maß ein Geistwesen, wie es ihm bestimmt ist. Denken wir an die Worte von Sri Aurobindo! Die Konkretion des Geistigen ist also noch lange nicht zum Abschluß gekommen. Es ist noch ein langer Weg vor uns. Und dieser Weg kann nur mit Hilfe einer neuen totalen Bewußtseinsveränderung gegangen werden.

Es ist die Mutation, in der wir uns gegenwärtig befinden. So wie der dreidimensionale Raum durch die vierte Dimension überwunden wird, so wird die dreidimensionale Zeit - Vergangenheit-Gegenwart-Zukunft - durch die Zeitfreiheit überwunden, d. h. Vergangenheit und Zukunft werden gegenwärtig. Wenn man da überhaupt noch von Zeit reden kann, so kann es nur Gegenwart sein. Damit hängt auch zusammen, daß das Kausalgesetz ins Wanken gekommen ist. Denn auch dort geht es um Vorher und Nachher. Bei all diesen Erscheinungen des neuen Bewußtseins kann nicht genug betont werden, daß sie sich jeder Darstellung, wie wir sie beim mentalen Bewußtsein haben, vollkommen entziehen. Gerade die Nichtdarstellbarkeit ist ein Kennzeichen für das neue Bewußtsein. Der heutige Mensch sträubt sich sozusagen mit Händen und Füßen gegen alles, was er nicht denken kann. Es bleibt ihm nichts übrig als sich zu öffnen und nicht am Vergangenen krampfhaft festzuhalten. Diese Einstellung ist notwendig, damit sich das neue Bewußtsein, das allein uns befreien kann, durchsetzt.

Die nächste Frage ist: Wie wirkt sich das neue Bewußtsein auf das tägliche Leben aus? Diese Auswirkung kann erst dann Wirklichkeit werden, wenn es von der ganzen Menschheit integriert ist. Es wird nämlich eine Umstrukturierung geschehen, von der wir uns heute kaum eine Vorstellung machen können. Wer sich jedoch diesem Einfluß entzieht, wird auf die Dauer ausgeschaltet. Es gibt auch heute noch verborgene Reste von Menschen, die auf der Stufe des mythischen Bewußtseins stehengeblieben sind. Nach Integrierung des neuen Bewußtseins bestehen Wissenschaft und Technik natürlich weiter. Aber der Mensch, der sie vollzieht, wird bewußtseinsmäßig anders sein als der gegenwärtige. Er wird zeitfrei sein und daher nicht mehr unter der Bedrängnis leiden wie der Mensch der mentalen Struktur.

Aber auch nachdem das integrale Bewußtsein Wirklichkeit geworden ist, muß der Mensch sich bemühen, von seiner Ichhaftigkeit frei zu werden, damit das neue Bewußtsein konsolidiert wird. Denn die Ichfreiheit ist auch ein Kennzeichen der neuen Bewußtseinsstruktur. Wenn aber die Arbeit an uns selbst getan ist, wird sich die Umgebung sozusagen von selbst zurechtrücken.

Was aber kann der Mensch tun, damit er den Einstieg in das neue Bewußtsein findet? Dafür muß er zunächst um die Sache wissen und an sie glauben. Leider ist die Zahl derjenigen, die um die Sache wissen und an sie glauben, gegenwärtig noch sehr gering. Man könnte an Diogenes denken, der am hellen Tag über den Markt schritt mit einer brennenden Lampe und, gefragt, was das solle, antwortete: Ich suche Menschen. Die Welt ist schon voll von Gerüchten, Vermutungen und Befürchtungen einer Weltkatastrophe um das Jahr 2000. Aber was eigentlich «los ist», weiß kaum jemand. Denen, die es wissen, glaubt man nicht. Deswegen schweigen sie.

Doch gibt es Wege, die Empfänglichkeit für das Kommende zu fördern. Einer ist die Meditation, die heute so viel gefragt wird. Aber es muß dann eine Art der Meditation sein, die womöglich nicht rational getätigt wird, eine nicht-gegenständliche Weise. Das Verlangen nach dieser Art der Meditation ist heute in Europa besonders stark. Hier ist ein Ansatz. Denn die ungegenständliche Meditation geht, wenn sie richtig getätigt wird, in die Richtung der Überwindung des Rationalen. Vermutlich gibt es gegenwärtig unter denen, welche diese Meditation üben, nur wenige, die diese Zusammenhänge sehen. Ihre Motive sind im allgemeinen anderer Art. Sie meditieren, um den Streß des modernen Lebens zu ertragen, oder aus religiösen Gründen, z. B. um zu einem tieferen Gebet zu kommen, das jenseits des Rationalen liegt. Eines ist sicher, sie alle arbeiten für das neue Bewußtsein und damit für die Menschheit als ganze, ob sie es wissen oder nicht.

Es ist kein Zufall, daß gerade im Westen, der vom

Rationalen geformt ist, neuerdings so großes Verlangen nach der nicht-gegenständlichen Meditation erwacht ist. Anscheinend spürt der westliche Mensch, daß ihm das rationale Denken nicht mehr zum echten Menschsein ausreicht. Die Methoden der nicht-gegenständlichen Meditation können Erfahrungen vermitteln, die für das neue Bewußtsein charakteristisch sind. Es ist natürlich nicht möglich, das im einzelnen für jede Methode darzulegen. Wir beschränken uns darauf, das für eine, nämlich die Zenmeditation, zu verdeutlichen. Diese Methode ist insofern besonders dafür geeignet, als sie von Anfang an das Rationale ausschließt. Das heißt natürlich nicht, daß das Zen den Bereich des rationalen Denkens für alle Gebiete ausschließt oder ablehnt.

Die Erleuchtung, das letzte Ziel des Zen, ist eine Erfahrung des Ganzen und überwindet den Dualismus zwischen Mensch und Welt. Die Erfahrung des Ganzen, die Gänzlichung ist nun aber eine typische Eigenart des integralen Bewußtseins. Wenn auch nur wenige von denen, welche diese Meditation praktizieren, bis zur Erleuchtung kommen, so kann das Zazen, wie die Zenmeditation auch genannt wird, ihnen doch helfen, sich für das neue Bewußtsein zu öffnen. Desgleichen fördert sie die Transparenz oder Durchsichtigkeit, die auch wieder ein Kennzeichen des neuen Bewußtseins ist. Diese Durchsichtigkeit wirkt sich zunächst auf den Menschen selbst aus in dem Sinn, daß ihm das eigene Unbewußte durchsichtig wird. Aber diese Durchsichtigkeit wirkt sich auch auf die Außenwelt aus. Wenn der Meditierende Christ ist, kann er durch die Übung des Zen einen tieferen Zugang zur Heiligen Schrift bekommen, der über das Rationale hinausgeht, ohne deswegen ein besonderes Studium des Textes vollziehen zu müssen. Auch die Liturgie kann ihm dadurch zugänglicher werden.

Auf diese Weise bewirkt die Meditation die Zurückgewinnung dessen, was vom Magischen und Mythischen verloren gegangen war und doch im rechten Maß auch zum Menschen gehört.

Die Erleuchtung, auch Wesensschau genannt, ist, in der Sprache des Zen gesprochen, die Erfahrung des ursprünglichen Selbst oder der Wesensnatur. So erklärt es sich, daß Christen bisweilen auf diesem Weg zur Gotteserfahrung kommen. Denn das ursprüngliche Selbst ist zu unterscheiden vom empirischen Selbst, das nur eine Projektion ist und in der Erleuchtung ebenso wie in der mystischen Vereinigung verschwindet. Es versteht sich von selbst, daß damit auch die Ichfreiheit erlangt wird, die wiederum eine typische Erscheinung des integralen Bewußtseins ist. Das Zenauge, einmal geöffnet, schließt sich nicht mehr, ebenso wie das neue Bewußtsein bleibt, nachdem es einmal integriert ist. Es findet nämlich auch durch das Zen eine Bewußtseinsveränderung statt. Durch die Meditation werden wir aus den Verstrickungen des Rationalen befreit, obwohl das Rationale dabei nicht seine Gültigkeit verliert. Daher ist die Erleuchtung des Zen keineswegs ein Rückfall in das Irrationale oder eine bloß «psychische» Erfahrung, die mit dem Geistigen nichts zu tun hat. Weiterhin wird durch die Zenmeditation die Fähigkeit der unmittelbaren Wahrnehmung gefördert und so das objektivierende Denken überwunden. Für das neue Denken ist die Welt vom betrachtenden Subjekt nicht mehr trennbar. Damit ist die Überwindung des Dualismus erreicht. Dieses Konzept ist in der Zenerfahrung realisiert. Die in der vierten Dimension angesprochene Zeitfreiheit ist weder magisch-vital noch mythisch-psychisch noch auch mental-rational, sondern geistig. Sie ist Verwirklichung des Geistigen und diaphaner Art und bisher nur wenigen Menschen geschenkt worden. Eben das ist die Wesensschau im Zen. Arationalität und Diaphanität sind Voraussetzung für die Wahrnehmung des Geistigen.

Die Zenmeditation ist auch geeignet, den Menschen von allen Vorurteilen zu befreien, die er entweder gemäß seines Charakters schon von Geburt an mitbringt oder im Lauf der Jahre durch Erziehung und eigene Erfahrung aufbaut, ohne freilich zu ahnen, daß ihm das Gelernte und Erfahrene zum Hindernis für etwas Besseres werden könnte. Damit hängt es auch zusammen, daß Menschen, die ihren religiösen Glauben verloren haben, ohne es zu erwarten oder zu beabsichtigen, zu ihrem Glauben zurückfinden. Das geschieht bisweilen bei Christen, welche diese Meditation üben.

In der Darstellung des neuen Menschen wurde darauf hingewiesen, daß die Person das Wesen des Menschen bedeute, wenigstens des westlichen, und sozusagen sein «Mythos» sei. Anderseits wurde bei der Darlegung der heutigen Weltlage festgestellt, daß der Mensch infolge der drohenden Vermassung einerseits und der Technisierung des Lebens anderseits in der Gefahr stehe, daß das Bewußtsein der Persönlichkeit verlorengehe und es schließlich dahin käme, daß die menschliche Gesellschaft mehr einem Ameisenhügel oder einem Bienenkorb gleiche als der Gemeinschaft vernunftbegabter Geschöpfe. In dieser Frage muß man unterscheiden zwischen einem projizierten oder kleinen Ich und dem schon erwähnten «ursprünglichen» Selbst. Das projizierte Ich gibt es, wie schon der Name sagt, im Menschen nicht von Anfang an. Es baut sich allmählich in der Kindheit und weiter im Erwachsenenalter auf. Dieses Ich ist das Ego, um das der Egoismus in verschiedenen Formen kreist, während das ursprüngliche Selbst übersehen oder vergessen wird. Die echte Persönlichkeit zentriert nicht im projizierten Ich, das ein Pseudo-Ich ist, sondern im ursprünglichen Selbst. Das Zen und seine Führung durch den Zenmeister bemüht sich, das Pseudo-Ich zu überwinden und davon zu befreien, damit das tiefste Selbst bewußt werden kann. Darum, in diesem Sinn werden die Zenschüler immer wieder ermahnt, daß sie sich selbst vergessen. Insofern ist das Zen auch ein Weg zur echten Persönlichkeit. Wenn man Berichte über die großen Zenmeister ließt, bekommt man spontan den Eindruck, daß sie große Persönlichkeiten waren. Und das ist so, obwohl sie Asiaten waren, bei denen das Ich im übrigen weniger betont ist als bei uns im Westen.

Wie gesagt, sollte die Zenmeditation hier nur als Beispiel gelten. Allgemein kann jede nicht-gegenständliche Meditationsweise ähnliche Wirkungen haben, gleich ob sie im Christentum oder in einer nicht-christlichen Religion ihren Ursprung hat. Das gilt besonders für Yoga, aus dem die Zenmeditation hervorgegangen ist. Was den christlichen Bereich betrifft, so sei vor allem auf die charismatische Bewegung hingewiesen, die ganz und gar in der Linie des Geistes liegt. Sie ist gewiß nicht zufällig in unserer Zeit neu erwacht und hat eine weite Verbreitung gefunden. So verschieden sie in der Form vom Zen ist, hat sie doch mit ihm gemeinsam, daß sie über das Rationale hinausgeht auf das rein Geistige hin. Beide könnten sich gegenseitig ergänzen. Aber praktisch wird es wohl mehr von der Veranlagung des einzelnen abhängen, welchem von beiden er sich anschließt.

Für den endgültigen Durchbruch des neuen Bewußtseins ist der Unterschied zwischen der älteren und der jüngeren Generation gegenwärtig noch ein großes Hindernis. Bei den jungen Menschen ist das neue Bewußtsein bereits in etwa wirksam, wenn auch oft nur in Form einer Unruhe oder eines Suchens nach etwas, das ihnen selbst noch nicht klar bewußt ist, während die Älteren noch nichts davon spüren. Wenn man diese Zusammenhänge kennt, wundert man sich nicht, daß das Denken der älteren Generation bei den jüngeren nicht mehr verstanden wird. Und doch ist es eine Tatsache, daß nur die jüngere Generation dem neuen Bewußtsein zum Durchbruch verhelfen kann. Wohl kann die ältere Generation durch ihr negatives Verhalten eine Verzögerung bewirken. So tragen beide eine große Verantwortung. Je eher sie sich dessen bewußt werden, desto besser ist es für den Menschen unserer Zeit.

Wie sollten sich nun diejenigen, ob jung oder alt, verhalten, welche die Lage erkannt haben und helfen möchten, daß die neue Bewußtseinsstruktur durchdringt und die gegenwärtige Bedrängnis überwunden wird? Das Entscheidende ist, daß sie wissen, wie und wo sie sich bezüglich der bisherigen Strukturen, der magischen, mythischen und mentalen zu verhalten haben. Da nun die magische Struktur die Einheit mit der Natur beinhaltet, so müssen sie wissen, wie weit sie dem natürlichen Ablauf der Dinge entsprechen können. Es darf nicht in maßloser Weise geschehen. Beim mythischen Bewußtsein geht es um den seelischen Ablauf der Bilder. Da muß man wissen, wie weit man sich von diesen leiten lassen darf. Kraft unseres mentalen Wesens sind wir imstande, dem naturhaften seelischen Ablauf der Triebe und Empfindungen eine Richtung zu geben. Es geht nicht darum, diese wahllos zu unterdrücken, sondern darum, sie zu ordnen. Auf diese Weise werden alle bisherigen Bewußtseinsarten im rechten Maß integriert und wird in gewissem Sinn die Vergangenheit zur Gegenwart. Dadurch, daß die bisherigen Bewußtseinsstrukturen maßvoll integriert werden, werden sie überwunden. Sie werden nämlich durchsichtig, anstatt den Menschen zu bedrängen. Wenn das geschehen ist, dann ist der Weg frei für das neue Bewußtsein.

Was im einzelnen Menschen geschehen kann, muß auch in den Völkern geschehen. In Europa ist dieser Prozeß schon soweit fortgeschritten, daß dort der Mensch für das integrale Bewußtsein reif ist. Das gilt auch von den Völkern der anderen Kontinente, soweit sie die europäische Kultur übernommen haben. Nicht im selben Maß dürfte das von den Völkern anderer Kulturen gelten. Das bedeutet jedoch keine Rückständigkeit. Denn es besagt, daß jene Völker noch nicht so in Not sind wie die westlichen Völker. Es ist kein Zweifel, daß die Völker Ostasiens noch nicht so vom defizient Rationalen bedrängt werden wie die Völker Europas. In Asien lebt der Mensch, wenn auch in unterschiedlichem Maß, noch mehr vom magischen und mythischen Bewußtsein. Allerdings sind darin die Unterschiede nach den Bevölkerungsschichten sehr groß. Das gilt besonders von Indien. Japan ist in dieser Beziehung anders. Doch lebt auch dort unter der Oberfläche noch viel mehr Volksfrömmigkeit als man meinen könnte, wenn man die hochentwickelte Technik sieht, welche der in Europa nicht nachsteht. Bewußtseinsmäßig ist das rationale Element noch nicht zu solcher Bedrängnis geworden wie im Westen.

Deswegen kann Ostasien den westlichen Völkern eine Hilfe sein auf dem Weg zur Überwindung des einseitigen rationalen Denkens. Darum werden fernöstliche Meditationsweisen heute im Westen so bereitwillig aufgenommen. Die Menschheit muß eins werden, aber ohne Zwang und Gewalt, eine Einheit, wo jeder Teil sich frei nach seiner Art entwickeln kann. Der Austausch auf dem Gebiet der Meditation kann dazu beitragen.

Die Integrierung der vierten Dimension im ganzen Umfang des neuen Bewußtseins ist nur möglich für den, der reif dafür ist. Auch dafür gibt es ein Kennzeichen: «Wer fähig wurde, bei Ungemach, Zerwürfnissen, Streit, Unglücksfällen nicht nur den anderen oder der Welt und den Umständen oder dem Zufall Vorwürfe zu machen, sondern vermag, zuallererst den Grund oder die Schuld, in ihrem ganzen Umfang, bei sich selbst zu suchen, der dürfte auch fähig sein, die ganze Welt und alle ihre Strukturen zu durchblicken».[65]

Wir haben versucht, die Entfaltung des Bewußtseins unabhängig von irgendeiner Weltanschauung darzustellen. Bei Teilhard fanden wir schon Hinweise auf eine christliche Interpretation. Bei Aurobindo steht der Yoga mit der Wiedergeburt und der ganzen indischen großen Tradition im Hintergrund. Der Versuch einer Darstellung im Sinn des Christentums liegt nahe. Er möge in aller Kürze an dieser Stelle unternommen werden.

Papst Johannes Paul II. hat 1979 in der Enzyklika «Redemptor Hominis», die gewissermaßen die feierliche Veröffentlichung seines Programms nach seiner Wahl zum Papst beinhaltet, gleich am Anfang auf das Jahr 2000 hingewiesen als einen Zeitpunkt von größter Bedeutung für die Menschheit. Es falle jedoch schwer, «in diesem Augenblick zu sagen, welche Bedeutung jenes Jahr im Laufe der Menschheitsgeschichte haben wird, und wie es für die einzelnen Völker, Nationen, Länder und Kontinente ausfallen wird, wenn man auch bereits heute versucht, einige Ereignisse vorauszusehen».[66]

Die Enzyklika beginnt mit den Worten: «Der Erlöser des Menschen, Jesus Christus, ist die Mitte des Kosmos und der Geschichte.» Wir erinnern uns daran, daß Teilhard von einem kosmischen Christus sprach. Auch in den Worten der Enzyklika ist nicht oder nicht nur jener Jesus gemeint, der vor etwa 2000 Jahren in Bethlehem geboren wurde. Der Mensch Jesus war einer aus Millionen, wenn auch als solcher einzigartig. Davon legen die Evangelien Zeugnis ab, ein Zeugnis, das auch ein unvoreingenommener Nicht-Christ akzeptieren kann. Es gibt nicht wenige Buddhisten und Hindus, die Christus hochachten und verehren.

Paulus sagt von Christus: «Er ist vor aller Schöpfung, in ihm hat alles Bestand» (Kol 1,17). Und im Prolog des Johannesevangeliums heißt es: «Im Anfang war das Wort, und das Wort war bei Gott, und das Wort war Gott. Im Anfang war es bei Gott. Alles ist durch das Wort geworden, und ohne das Wort wurde nichts, was geworden ist.» (Joh 1,14) Daraus geht hervor, was mit dem «Wort» gemeint ist, das im Anfang war. Auch in der Enzyklika wird auf diesen Sachverhalt hingewiesen.

Die Geschichte weiß von vielen Menschen, die für die ganze Menschheit eine einzigartige Bedeutung hatten. Denken wir nur an Plato, der durch seine Ideenlehre den mythischen Menschen aus der Verstrickung seiner Bilder befreite und so die mentale Bewußtseinsstruktur zuerst möglich machte. Doch es hätte auch ein anderer mit ähnlicher Begabung dasselbe tun können. Dasselbe gilt von den großen Religionsstiftern. Es wäre nicht notwendig gewesen, daß es gerade dieser oder jener Mensch war, der uns diese und jene Lehre vermittelte. Es kommt nicht auf den Gründer an, sondern auf das, was uns von ihm geschenkt wurde. Nehmen wir z. B. an, es würde eines Tages festgestellt, daß Konfuzius niemals gelebt hätte, so hätten wir damit nichts verloren. Dasselbe würde von Jesus von Nazaret gelten, wenn er nur dieser eine Mensch gewesen wäre. Aber da er gleichzeitig identisch mit dem «Wort» war, von dem Johannes spricht, ist mit Christus Gott selbst – so muß man sagen – in die Menschheitsgeschichte eingetreten. Das aber ist einmalig. Damit ist jeder Dualismus in Christus überwunden.

Dadurch aber, daß mit dem historischen Jesus das Wort, das Gott ist, unzertrennlich verbunden war, ist auch für die Menschheit eine neue göttliche Dimension Wirklichkeit geworden. Dieser Schluß ist durchaus berechtigt, da wir heute mehr denn je die Menschheit als etwas ganzes betrachten und nicht nur als eine Summe von vielen Einzelmenschen, obwohl auch der einzelne Mensch als solcher da ist in voller Verantwortung. In diesem Sinn sagt Teilhard de Chardin, das große Geheimnis des Christentums sei gerade nicht das Erscheinen, sondern die Transparenz Gottes im Universum. Transparenz und Überwindung des Dualismus sind, wie wir gesehen haben, typisch für das neue Bewußtsein.

Man kann Religion als universales Phänomen betrachten, das von Anfang mit der Geschichte der Menschheit verbunden war. Man kann sie auch im Sinn der verschiedenen Religionen nehmen und schließlich auf das Christentum selbst anwenden.[67] Wenn man Religion als universales Phänomen ansieht, kann man von einer Geschichte der Religion sprechen. Das kam schon bei der Besprechung der verschiedenen Bewußtseinsstrukturen zum Ausdruck. So hat z. B. Mose etwas Neues auf diesem Gebiet gebracht, das seiner Zeit und den obwaltenden Umständen besonders mit Rücksicht auf die Bewußtseinsstruktur entsprach. Dasselbe gilt von Buddha, Mohammed und anderen. Erwähnt seien auch die Rischis der Veden, die ja noch viel früher wirkten als die genannten Personen. Wenn das auch von Christus gesagt wird, so ist damit niemandem Unrecht geschehen und kann daher auch von den nicht-christlichen Religionen akzeptiert werden. Er hat das naturgemäß und sinnvoll in einer für seine Zeitgenossen verständlichen Weise gesagt. Bekannt ist das Wort: «Ich und der Vater sind eins» (Joh 10,30), und etwas später, in der Abschiedsrede vor seinem Leiden: «Wer mich gesehen hat, hat den Vater gesehen.» (Joh 14,9) Die obigen Worte wurden im Bild des Vater-Sohn-Verhältnis gesprochen und von seinen Zuhörern, nicht nur seinen Jüngern, sondern auch von seinen Gegnern sofort verstanden, so daß diese ihn steinigen wollten, da er Gott gelästert hätte, als er sagte: «Ich und der Vater sind eins.»

Es gibt ein anderes Wort von Christus, mit dem er ohne Beziehung zum Vater-Sohn-Verhältnis sagt, wer er sei. Es ist das Wort: «Ich bin das Licht der Welt. Wer mir nachfolgt, wandelt nicht in Finsternis, sondern hat das Licht des Lebens.» (Joh 8,12) Dieses Wort ist wohl niemals vorher oder nachher von jemandem gesprochen worden. Und wenn wir die oben angeführte Schriftstelle verstehen, so verstehen wir auch, daß Jesus von Nazaret ohne Überhebung so sprechen konnte. Jean Gebser bemerkt dazu in Verbindung mit der mentalen Bewußtseinsstruktur: «Die erste große, gänzlich in sich gesicherte Helligkeit ist damit in der Menschheit zum Ausdruck gekommen, jene Helligkeit, die zum ersten Mal auszusprechen wagen darf, daß sie das Dunkel, das Leid der Welt, auf sich zu nehmen wage.»[68] Allein schon im Rahmen der Bewußtseinsentfaltung bedeutet das eine offensichtliche Steigerung. Gleichzeitig ist damit eine andere Stellungsnahme zum Leiden genommen als jene, die etwa 600 Jahre vorher Buddha seinen Jüngern in den sog. vier Wahrheiten verkündete, nachdem er die Erleuchtung erlangt hatte: Das Leben besteht ganz und gar aus Leiden; das Leiden hat Ursachen (das Verlangen); die Ursachen des Leidens können ausgelöscht werden; es gibt einen Weg, das Leiden auszulöschen. Das Christentum ist den Weg gegangen, der von Christus vorgezeichnet war. Er hat das Leiden auf sich genommen und versucht, es durch die Liebe zur Welt zu überwinden. Wenn Christus sagte: «Ich bin das Licht der Welt», so lag auch auf dem «bin» und «Welt» ein besonderer Ton. Er ist nicht ein Erleuchteter, sondern das Licht selbst. Mit «Welt» ist das Außen, die Menschheit, gemeint.

Was nun die Auswirkung des neuen Bewußtseins betrifft, wenn es einmal wirklich integriert ist, so ist manches auch im christlichen Sinn eine Erfüllung. Es wurde z. B. gesagt, daß dann erst, aber dann auch mit Gewißheit, die Kriege aufhören würden. Darüber finden wir schon im Alten Testament Voraussagungen eines ewigen Friedens. Denken wir nur an Jesaja, der unter anderem sagt: «Dann schmieden sie Pflugscharen aus ihren Schwertern und Winzermesser aus ihren Lanzen. Man zieht nicht mehr das Schwert und übt nicht mehr für den Krieg.» (Jes 2,4) Die Propheten haben all das mit Rücksicht auf das kommende Reich des Messias gesagt. Jedoch ist damit die Erfüllung dieser Prophezeiungen nicht zeitlich auf Jahr und Tag festgelegt. Aber man kann doch in dem, was mit dem integralen Bewußtsein Wirklichkeit wird, einen Beginn der Umwandlung der Welt gemäß den messianischen Weissagungen sehen. Auch das Unsterblichwerden des Körpers steht grundsätzlich nicht im Widerspruch mit dem christlichen Glauben. Denn der Körper gehört auch zu einem menschlichen Wesen. Daher nimmt er auch nach christlicher Auffassung an der Verherrlichung des Geistes teil, wenn das auch nicht innerhalb einer gewissen berechenbaren Zeit geschieht, wie das Aurobindo festzustellen versucht hat, sondern erst «am Ende der Zeiten» in Erfüllung geht.

Doch kehren wir zurück in die Gegenwart; denn auch für den Christen ist diese unsere Weltstunde von großer Bedeutung. Allerdings wird das Christentum besonders im Sinn der Kirchen immer mehr in die Krise kommen, je mehr sich das neue Bewußtsein durchsetzt. Einer der Gründe dafür ist folgender Sachverhalt: Das Christentum ist vor 2000 Jahren auf dem kulturellen und religiösen Hintergrund Palästinas entstanden. Christus und seine Jünger stammten aus diesem Land und hatten fast ausschließlich diese Kultur zu eigen. Die Apostel sind nicht nach Athen und Rom gereist, um auch die dortigen Kulturen zu integrieren und erst dann dem Auftrag Christi entsprechend den christlichen Glauben in der ganzen Welt zu verkünden. Die aus der Lehre Christi sich entwickelnde Theologie jedoch entstand in engster Verbindung mit der griechisch-lateinischen Kultur und weiterhin der Scholastik des Mittelalters. Alle diese Gebiete sind mit vielen anderen heute in Frage gestellt. Das Zweite Vatikanische Konzil wurde eröffnet, um dieser Entwicklung Rechnung zu tragen. Das war das unsterbliche Verdienst von Papst Johannes XXIII. Seither ist auch schon vieles nachgeholt worden und geschieht auch noch vieles, um dieser Lage gerecht zu werden.

Es kommt noch hinzu, daß heute sogar die religiösen Orden, die im Lauf der Jahrhunderte soviel zur Verbreitung und zur Vertiefung des Christentums beigetragen haben, in Frage gestellt werden. Der Unterschied zwischen Klerus und «Welt», zwischen sakralem und profanem Bereich ist nicht mehr relevant. Das gleiche gilt entsprechend für die Scheidung zwischen Klerus und Volk. Es ist daher seit dem Konzil auch immer wieder betont worden, daß im Grunde alle Christen gleich sind, wenn auch aus praktischen Gründen innerhalb der Kirche die Arbeitsbereiche noch in etwa getrennt sind. Bezüglich der Orden wird gefragt, ob ihre traditionelle Form noch der Zeit entspricht. Manche Kritiker gehen so weit, daß sie alle Gemeinschaftsformen, seien es Kirchen oder Orden, ablehnen. Das aber entspricht doch wohl nicht der Natur des Menschen und der Religion selbst, weil beide nicht nur Sache des einzelnen, sondern auch der Gemeinschaft sind. Es geht vielmehr darum, neue, zeitgemäße Formen der Gemeinschaft zu finden.

Was die Integration des neuen Bewußtseins in die Religionen betrifft, so ist das Christentum vielleicht schwerer dadurch betroffen als viele andere Religionen, weil es in seiner Form dem westlichen Denken entsprechend sehr systematisch gestaltet ist. Denn es kann bei der Integration des neuen Bewußtseins nicht darum gehen, daß neue Systeme an die Stelle der alten gesetzt werden, weil Systeme und andere kategorische oder perspektivische Denkweisen diese Integration im Gegenteil blockieren würden. Anderseits – und das ist die

Lichtseite in diesem Dilemma – werden uns die Lösungen mit dem neuen Bewußtsein von selbst ein- oder zufallen. Das gilt auch von der so sehnlichst gewünschten Einheit aller christlichen Bekenntnisse. Desgleichen werden die Beziehungen zwischen den Weltreligionen von selbst enger und lockerer werden und so die Spannungen, die heute noch bestehen, sich allmählich selbst lösen.

Wie im einzelnen das Christentum aussehen wird, nachdem das neue Bewußtsein vollkommen in die Menschheit integriert ist, kann heute niemand voraussehen. Wohl aber können und sollen wir uns fragen, was wir tun können, damit die richtigen neuen Formen gefunden werden. Dazu ist an erster Stelle zu sagen, daß wir zu den Quellen zurückgehen müssen, zu Christus und den Jüngern, die mit ihm lebten und ihn erlebten. Allerdings glaubt man, selbst bei den Evangelisten schon eine Weiterentwicklung entdeckt zu haben, so daß das Wasser der ersten Quelle schon getrübt sei. Es gab ja selbst in diesen frühen Zeiten noch andere Berichte über Christus und seine Lehre. Es sei nur hingewiesen auf das Thomas-Evangelium, das bei seiner Auffindung vor etlichen Jahrzehnten großes Aufsehen erregt hat. Es wurde dann aber als nicht authentisch erklärt. Wenn es auch nicht von dem Apostel Thomas geschrieben war, so stammt es doch aus der Frühzeit des Christentums und hat ein eigenes Gepräge. Es ist ein kurzer Text, wohl nur ein Bruchteil des ganzen Evangeliums. Die dort wiedergegebenen Worte Christi sind oft den Zen-Koans ähnlich.

Sei dem wie ihm wolle, eines muß stets festgehalten werden. Angefangen von den Aposteln bis hin zur Lehre der Kirche bzw. den Kirchen, sie alle haben vom Anfang bis zur Stunde keine andere Aufgabe, als uns mit den Quellen, d. h. mit Christus selbst zu verbinden, mit seiner Lehre und gottmenschlichen Erfahrung. Diese Überzeugung war wohl niemals so deutlich und überzeugend wie gerade in unserer Zeit. «Christus ja – Kirche nein» ist schon zum Schlagwort geworden. Ob mit Recht oder Unrecht, sei dahingestellt. Aber gerade deswegen, weil alles in Frage gestellt ist, was dazwischen war, ist der Weg zu den Quellen so außerordentlich schwer zu finden. Gibt es überhaupt eine Gewähr dafür, daß das, was wir bei unserem Suchen nach den Quellen finden, auch wirklich die Lehre und Erfahrung Christi ist? Wenn es überhaupt eine Gewähr gibt, so kann es nur die eigene religiöse Erfahrung sein, die wir in tiefem Gebet und in der Kontemplation finden. Nur dort kann uns unmittelbar von Christus selbst die Antwort gegeben werden. Darum muß das Suchen nach den Quellen und neuen Formen immer mit der religiösen Erfahrung verbunden sein.[69]

ANSTELLE EINES NACHWORTES

Erwartet den Herrn,
steht als Knechte bereit an der Tür.
Schon jauchzt jeder Stern,
seht, er kommt, seht, er kommt, wir sind hier.
Komm, Herr Jesus, Maranatha.

Entzündet die Lampen, ihr Mägde,
erglühet im Geist
im Kommen des Ewig-Geliebten,
der Kyrios heißt.

Komm, Herr Jesus, Maranatha.

Du wirfst dein Feuer zur Erde
und willst, daß es brennt,
und wir sind der Mund,
der anbetend dein Kommen bekennt.

Komm, Herr Jesus, Maranatha.

Hymnus aus: Stundenbuch für die katholischen Bistümer des deutschen Sprachgebietes II, Einsiedeln 1978, 589 f.

ANHANG

ANMERKUNGEN

(Die im Literaturverzeichnis angegebenen Titel werden hier ohne ausführliche bibliographische Angaben genannt.)

1 Die Grenzen des Wachstums, Bericht des Club of Rome zur Lage der Menschheit, 17.
2 a.a.O. 17.
3 a.a.O. 152.
4 Vgl. J. C. Eccles und H. Zeier, Gehirn und Geist, 143 ff.
5 Vgl. C. Albrecht, Das mystische Erkennen.
6 I. Weilner, Johannes Taulers Bekehrungsweg, Regensburg 1961, 225.
7 Th. Steinbüchel (Hrsg.), Mensch und Gott in Frömmigkeit und Ethos der deutschen Mystik, Düsseldorf 1952; vgl. Weilner, a.a.O. 225 f.
8 J. Gebser, Ursprung und Gegenwart.
9 R. Wilhelm, Geschichte der chinesischen Kultur, München 1928, 57.
10 Handbuch der Weltgeschichte I, hrsg. A. Randa, Olten 1954, 128.
11 J. Gebser, Ursprung und Gegenwart, 128.
12 Vgl. R. Wilhelm, I Ging. Das Buch der Wandlungen, Vorwort, Jena 1924.
13 A. Huxley, Zeit muß enden, Zürich 1950, 331 f.
14 C. F. von Weizsäcker, Zum Weltbild der Physik, Leipzig 1945, 33.
15 Vgl. E. Zimmer, Umsturz im Weltblick der Physik, München [4]1938, 94 f.
16 H. Bergson, Schöpferische Entwicklung, Jena 1912, 344.
17 J. Gebser, Ursprung und Gegenwart, 437–547.
18 K. Jaspers, Der philosophische Glaube, München [6]1974, 83.
19 Lecomte du Noüy, Bestimmung des Menschen, Stuttgart, 244.
20 I. Strawinsky, Musikalische Poetik, Mainz 1949, 21.
21 Integraler Yoga (Zeitschrift) (1965), 51–52. 54, (Synthesis of Yoga, 449).
22 ebd. (1969) 211, 744,(Synth. of Yoga, 395).
23 Vgl. J. Gebser, Ursprung und Gegenwart, 202 ff und 264 ff.
24 Rig Veda III 7, 4.
25 Sri Aurobindo, Thoughts and Aphorisms, Pondicherry 1957, 19.
26 Hofmann, Johannes Tauler, Freiburg Br. 1961, 16.
27 Sri Aurobindo, Letters on Yoga, Pondicherry 1970, 73.
28 ders., Der Zyklus der menschlichen Entwicklung, München 1955,

355.
29 ders., The Life Divine, Pondicherry 1965, 753–754 (Der Mensch im Werden, Zollikon 1964, 52).
30 ders., The Supermental Manifestation, Pondicherry 1953, 43 (Die Offenbarung des Supermentalen, Pondicherry 1960, 45).
31 A. B. Puran, Life of Sri Aurobindo, 1964, 178/179.
32 M. Klostermann, Auroville – Stadt des Zukunftsmenschen, 178.
33 Vgl. Integraler Yoga (1965), Heft 2.
34 M. Klostermann, Auroville – Stadt des Zukunftsmenschen, 226.
35 ebd. 256.
36 ebd. 229.
37 vgl. eb. 232.
38 M. Klostermann, Auroville – Stadt des Zukunftsmenschen, 79.
39 ebd. 211.
40 Die Synthese des Yoga, Bellnhausen 1963.
41 vgl. P. Teilhard de Chardin, Der Mensch im Kosmos, München 1959, 158 und 183.
42 J. Gebser, Ursprung und Gegenwart, 301 und 383.
43 P. Teilhard de Chardin, Lobgesang des Alls, 41.
44 ebd. 20.
45 ebd. 20 f.
46 ebd. 23.
47 ebd. 26.
48 ebd. 26.
49 ebd. 31.
50 ebd. 31.
51 ebd. 30 f.
52 ebd. 32.
53 P. Teilhard de Chardin, Das göttliche Milieu, 140.
54 ebd. 156.
55 ebd. 158.
56 Olten [2]1976.
57 ebd. 40.
58 ebd. 42.
59 ebd. 64.
60 ebd. 64.
61 ebd. 64.
62 ebd.
63 J. Gebser, Ursprung und Gegenwart, 557 und 687.

64 ebd. 543.
65 ebd. 158 –211.
66 Redemptor Hominis, Nr. 1, 1979.
67 ebd., Nr. 11.
68 J. Gebser, Ursprung und Gegenwart, 108. 152.
69 Vgl. H. le Saux, Die Gegenwart Gottes erfahren, Mainz 1980, 9 ff.

LITERATURVERZEICHNIS

Albrecht, Carl: Psychologie des mystischen Bewußtseins, Mainz ^{2}1976
– Das mystische Erkennen, Bremen 1958
Aurobindo, Sri: Der integrale Yoga, Reinbek 1975
– Zyklus der menschlichen Entwicklung, München ^{2}1974
Bertaux, Pierre: Mutation der Menschheit. Zukunft und Lebenssinn, Frankfurt 1979
Eccles, John C./Zeier, Hans: Gehirn und Geist, Biologische Erkenntnisse über Vorgeschichte, Wesen und Zukunft des Menschen, München 1980
Enomiya-Lassalle, Hugo M.: Zen – Weg zur Erleuchtung^{5}, Wien 1977
– Zen-Meditation für Christen, ^{4}Weilheim 1978
– Meditation als Weg zur Gotteserfahrung, Mainz 1980
– Zen-Meditation. Eine Einführung, Zürich ^{2}1977
Gebser, Jean: Ursprung und Gegenwart (Gesamtausgabe, Bde. II–IV), Schaffhausen 1978/79, hier zitiert nach Taschenbuchausgabe, München 1973.
– Vorlesungen und Reden zu »Ursprung und Gegenwart« (Gesamtausgabe, Bd. V/1,2), Schaffhausen 1976/77
Geldner, Karl F.: Der Rigveda. Übersetzt und erläutert. Göttingen ^{2}1957
Klostermann, Michael: Auroville – Stadt des Zukunftsmenschen, Frankfurt 1976
Meadows, Dennis u. a.: Die Grenzen des Wachstums. Bericht des Club of Rome zur Lage der Menschheit, Stuttgart 1972
Satprem: Sri Aurobindo – Das Abenteuer des Bewußtseins, München ^{3}1977
Teilhard de Chardin, Pierre: Lobgesang des Alls, Olten ^{5}1978
– Das göttliche Milieu. Ein Entwurf des inneren Lebens, Olten ^{8}1979
– Mein Weltbild, Olten ^{2}1976
– Die Zukunft des Menschen, Olten ^{2}1966